AF399273

Hannah Götberg

''Med facit i hand så var inte misshandeln hård nog''

En bok om mina erfarenheter som följt mig ur en destruktiv relation

© 2022 Hannah Götberg

Förlag: BoD – Books on Demand, Stockholm, Sverige

Tryck: BoD – Books on Demand, Norderstedt, Tyskland

ISBN: 978-91-8027-797-6

<u>Förord</u>

Det är tisdag den 4 januari, i början på ett helt nytt år som jag hoppas ska ge både mig och alla andra nya fina möjligheter att göra just precis det man känner, där och då. Jag hoppas på att detta år ska ge mig nya möjligheter att blicka framåt och jag vill kunna våga lita på att ingen någonsin kommer att göra mig illa igen.

Men innan jag vågar ge mig ut på den så kallade 'resan tillbaka till livet', så måste jag få ner mina senaste år och erfarenheter från dessa, på papper. Jag måste få dela med mig av allt som jag har haft inom mig och det som ingen vet. Jag vill kunna inspirera andra tjejer som är i samma sits som jag nyss tagit mig ur, även om jag vet att det är svårt, för att där och då spelar det ingen roll vad någon säger.

Jag vill att varenda en av er ska försöka förstå hur en person med medberoende fungerar. Jag vill att du som anhörig ska förstå varför du inte blir lyssnad på. Jag vill att vi blir mer medvetna om hur våld i nära relation fungerar. Jag vill visa att våldet ligger bakom en fasad. Jag vill berätta om min upplevelse av allt detta, och jag vill gärna lyssna på din upplevelse, om du varit i samma situation som jag.

Hur är det egentligen att kämpa för någon som bara vill dig illa? Hur blir man så lurad att hat blir till kärlek? Hur kan man lägga på sig skulden för precis allt, trots att man inte varit närvarande? Hur kan man leta efter bra anledningar till att han faktiskt gjorde mig illa? Frågorna är fortfarande många för mig, och jag hoppas kunna reda ut en del av dem med hjälp av denna bok.

Kom ihåg att allt som skrivs här är mina egna erfarenheter, dina erfarenheter och upplevelser inom samma kategori kan se helt annorlunda ut, och det är helt okej!

Ett stort tack till dig för att du vill höra på min berättelse. Hannah Götberg

Kapitel 1

Hur börjar en relation som senare visar
sig vara destruktiv och livsfarlig?

Jag och denna kille som senare visade sig
förstöra stora delar av min ungdom,
träffades av en slump på en fest hemma i
Smedjebacken. Vi pratade inte alls med
varandra den kvällen, jag hade mitt gäng
och han hade sitt. Dessutom så var denna
fest hemma hos min expojkvän. Min relation
med honom hade tagit slut bara en månad
tidigare, och hade satt djupa spår i mig.
Där och då bedövade jag saknaden efter
honom med alkohol, för med alkohol i
kroppen så kunde jag stänga av känslorna
för honom som på en av och på-knapp.
Alkoholen byttes sedan ut mot denna kille.
Jag kan bara anta att jag undermedvetet
kände att han inte är bra, eftersom jag
bytte ut något dåligt mot något ännu
sämre.

Tacksam över att han räddat mig från
tomrummet som var kvar efter exet, och
hjälpt mig ur denna onda cirkel, gick jag
in i en relation med honom i augusti 2017.
Glad och dökär. Aldrig varit lyckligare.
Aldrig hade jag känt så här för någon
innan.

Han gav mig allt jag ville ha, mest
tacksam är jag över att han fick in en fot
åt mig i motorsportsvärlden, där jag är

kvar än idag. Detta är nog också det enda
jag är tacksam över än idag när det gäller
vår relation. Under 2017 och även hela
2018 var det tävlingar i princip varenda
helg, jag klagade aldrig. Det var det
absolut roligaste jag visste, jag kände
för första gången att jag tillhörde ett
gäng.

Jag fick ganska tidigt se hur han reagerar
när minsta lilla gick fel, det kastades
grejer direkt, rutor krossades, bilar blev
buliga, telefoner kastades i backen etc.
Om ni bara visste hur många
bortförklaringar jag fick höra om varför
han reagerade si och så. De allra flesta
gånger var det hans mammas fel, för att
hon tjatade om saker han inte brydde sig
i. Det fanns alltid en ursäkt till det
beteendet. Jag vill minnas att jag aldrig
någonsin hört honom be om ursäkt när det
gäller någonting alls. Allt han gjorde var
alltid på grund av någon annan.

Vi var mycket i garaget tillsammans, då
jag hade en ambition för att hela tiden
lära mig något nytt. Jag minns särskilt en
gång, en måndagskväll, när vi höll på med
en folkracebil som han hade köpt för
pengar som egentligen inte fanns. Vi
började som vanligt att gå igenom vad som
skulle göras och i vilken ordning, jag
fick lite lättare uppgifter eftersom att
jag inte ansågs kunna mer. Den dagen

gjorde jag ett fel som i sin tur ledde
till att hans planering för dagen sprack,
det var tvunget att beställas nya delar.
Detta var den absolut första gången jag
fick uppleva att hans aggressionsproblem
blev riktat till mig som person. Han
började skrika, kasta saker och sa saker
som *''Man ska inte ha någon jävla kärring
för dom förstör bara''*, och *''Det är inte
konstigt att man super''*.

Jag vet att detta var startskottet för
allt våld som jag senare utsattes för.

Redan tidigt på året 2018 började han ta
för givet att allt som inte handlade om
motorsport, skulle ligga på mina axlar.
Jag ansåg inte detta vara konstigt där och
då, för han hade ju faktiskt talang, det
var väl självklart att han skulle slippa
allt vad gäller vuxet ansvar för att satsa
på det? Varför skulle han behöva ta disken
efter maten när han varit i garaget hela
kvällen? Varför skulle han behöva lägga en
enda krona på oss när han hade sina bilar
som kostade massvis, varenda månad? Varför
skulle det finnas någon annan prioritet?

Jag önskar så att 18-åriga jag hade ställt
mig dessa frågor redan då, och faktiskt
vågat lyssna på svaren. Men så är inte
fallet, det får visa sig i ett senare
medberoende.

Kapitel 2

Det visade sig redan från start att han
haft en tuff uppväxt och att relationen
med familjen var komplicerad. Jag och min
familj försökte få honom att förstå att
han är en del av vår familj nu också och
att han alltid skulle bli respekterad för
den han var. I slutet av 2017 erbjöds han
att flytta hem till oss, så att han skulle
kunna fokusera på annat och kanske till
och med känna hur det är att leva med en
familj som bryr sig, på riktigt. Han hade
lite krav på sig för att få bo så billigt
som han gjorde. De kraven var att man äter
middag tillsammans, tar ansvar över
hushållssysslor samt att hyran ska vara
betald i tid. Jag vill minnas att han
många gånger struntade i allt detta.

Jag kommer ihåg att jag ofta reflekterade
över att det hade gått lite väl fort,
eftersom att jag redan första veckan hade
tänkt säkert 10 gånger på att göra slut,
för att något inte kändes helt rätt.
Mycket hade det nog att göra med att jag
fortfarande kände så starkt för exet,
känslor som jag sen blev så otroligt
skicklig på att gömma undan, tillochmed
för mig själv. Jag vill ge er alla ett
starkt råd, försök aldrig trycka undan
känslor som försöker komma upp till ytan.
De kommer alltid att komma tillbaka, du
kommer att behöva handskas med dem förr

eller senare. Tänk dig att du sår ett frö,
du gräver ner det, det vattnas och förr
eller senare kommer det upp ovanför jord.
Lite så kan man tänka sig att känslor
beter sig. Sedan är jag fullt medveten om
att man gör allt i sin makt för att må
lite bättre där och då, vad som helst kan
egentligen ersätta det som saknas. Jag vet
att man sover mycket under de värsta
perioderna, för just då känner man inget,
det är nästan som att man inte finns. Hur
fan överlever man? Den känslan kommer
aldrig att kunna beskrivas för någon, ord
räcker inte till.

Ett annat starkt kännetecken av att vara
botten för mig, är matvanorna. Det är
hemskt att en enda person kan få mig att
tro att jag inte är värd mat. En tanke som
är återkommande för mig är *''Du kan lika
gärna svälta, för om han inte vill ha dig
så är du inte värd mat heller''*. Det är
som att det enda som kan få mig att må bra
då, är just det, att svälta och att se mig
själv gå ner i vikt.

Denna kille lyckades på bara ett halvår få
mig totalt lindad runt lillfingret, han
hade kontrollen över mig helt och hållet.
Jag försvarade honom i varenda grej han
gjorde eller sa, och försökte hela tiden
beskylla någon annan för det han gjorde.
Oftast var det jag själv som tog smällen.
Det var helt enkelt jag som hade missat

att köpa hem en liter mjölk när mamma hade
bett honom att göra det.

Kapitel 3

Ska jag vara ärlig så minns jag inte riktigt hur vi firade vårt första nyår tillsammans, men jag är övertygad om att en stor mängd alkohol var inblandat. Så tidigt in i relationen var nivån på främst hans alkoholintag fortfarande på en bra nivå. Ni kan tänka er ett vanligt ungdomsliv, vi festade riktigt kanske 1 gång i månaden. På den tiden kunde båda dricka alkohol utan att det skulle bli dramatiskt under kvällens gång. Detta kom att ändra sig fort.

Jag fyllde 18 bara någon dag efter nyår. Jag kommer ihåg att det dröjde flera månader innan jag var på krogen och faktiskt drack en cider. Jag hade ju varit in på krogen många gånger innan dess, nykter. För min del gjorde det ingenting att jag var nykter, jag tyckte det var skönt. Det var dock inte för min egen skull som jag var ute, jag hade ju fått körkort och var då tagen för givet med att köra runt på honom varje helg, hela nätterna. Det var fest, eller i alla fall alkoholintag varenda helg, fredagar och lördagar. Då kan man fråga sig varför jag inte satte krav på honom, och det kan jag lova, är svårare än vad man tror. Jag vill börja med att säga att sätta krav och att bestämma över någon är två skilda saker.

De gånger jag faktiskt tog mig mod till
att sätta krav, besvarades det med hot
eller stora suckar. Mina krav kunde se ut
ungefär såhär: Ta undan din egen tallrik,
ta disken om du äter senare, lägg tvätten
i tvättkorgen etc. Jag skulle vilja säga
att det är vanligt vett, men för honom var
detta saker som tog flera dagar om inte
jag gjorde det direkt.

Jag hade en dag i veckan där jag åkte iväg
till affären för att handla mat för
veckan, den dagen brukade oftast vara
söndagar. Aldrig någonsin skulle jag komma
på att åka på en fredag eller lördag.
Kunde inte tänka mig att vara så långt
bort som en mil ifrån honom, då kunde
kalasandet vara i full gång när jag kom
hem. På något sätt kände jag ett större
lugn om jag var närvarande när han drack,
jag kände att jag hade någon slags
kontroll. Jag kunde läsa av om han var
glad, ledsen eller kanske arg, eftersom
det spelade stor roll för kvällens utgång.

<u>Kapitel 4</u>

Kan ni tänka er att se den man älskar mest av allt gå sönder mer och mer för varje dag? Det fick jag se, dag ut, dag in. Jag vill understryka att detta fortfarande är en ''bra period'', innan allt raserar. Så otroligt maktlös hade jag aldrig känt mig förut. Vart skulle detta sluta? Är det bara en dålig period? Är det mitt fel? Jag kan i efterhand se att ingenting var någon annans fel än han själv, även om jag fortfarande ofta kommer på mig själv i tankar som ''*Jag var helt enkelt inte värd mer*'' eller ''*Han gjorde allt av en bra anledning*''. Det största steget för mig i allt detta har varit att reflektera i lugn och ro, att få bli medveten om det som jag blundat för i flera år.

Det är inte bara jag som behövt se på när hans liv gått sönder, han fick även se samma sak gällande mig. Skillnaden är, att han aldrig riktigt reflekterade över det, trots att han hade sönder mig medvetet. På sommaren år 2018 får jag höra en kommentar som fortfarande ekar i mitt huvud. Den är med mig överallt och har fått mig att se ner på mig själv. ''*Älskling, du borde börja träna, du vägde väl … förut?*'' Jag har aldrig egentligen brytt mig speciellt mycket i normer och ideal, men sen den dagen har jag aldrig jämfört mig själv med andra så mycket som nu. Han tog sig rätten att bestämma över vad som var bra och mindre bra med min kropp. Min kropp som låter mig uppleva livet. Vart ifrån fick han rätten att uttrycka sig? Hur kunde han med en mening, förstöra mitt starka skal jag byggt upp mot just detta? Jag är övertygad om att detta är något som kommer följa med mig genom hela livet, med en förhoppning om att det kan vändas till något fint, någon gång.

Strax efter att jag börjat bearbeta denna kommentar händer någonting som får mig att falla tillbaka på ruta 1, om och om igen. Något som för mig blir en bekräftelse på det han sagt bara någon dag innan. Jag duger inte längre. Jag är inte tillräcklig för honom.

''Jag har varit otrogen ikväll, vi råkade pussas''. Vad fan sa han precis? Samma jävla kväll som han så fint sa att han älskade mig. Samma jävla kväll som vi båda suttit och tröstat denna tjej som tidigare under kvällen gjort slut med sin pojkvän sedan några år tillbaka. Pojkvännen som var vår vän. Redan här hade mitt medberoende börjat spela in, då jag om och om igen gav mig själv skulden. Det var ju för att jag var överviktig, hade jag varit lika snygg som hon så hade det aldrig hänt. Jag kommer ihåg exakt hur jag hatade mig själv för att jag var som jag var. Jag

fanns där för honom, när det var han som
skulle finnas där för mig.

Totalt ångestfylld och nedgråten dagen
efter så vaknar jag i sängen bredvid
honom. Det fanns inte en tillstymmelse av
ångest hos honom. Jag hade fått höra bara
några timmar innan att otroheten var ett
avslutat kapitel och vi skulle aldrig
prata om det igen. Precis som om att det
vore hans egna val att göra. Precis som om
det var honom det drabbade värst. Precis
som att bakfyllan botade det på något vis.
Det enda som var viktigt den dagen var att
återigen skruva, som om det vore hans form
av ångestdämpande. Totalt förstörd följde
jag med honom, men jag hade inte ens orken
att stå upp, så jag låg hopkurad i sängen
på den buss han skulle fixa med. Jag kan
inte minnas att han en enda gång kom för
att fråga hur det var, jag hörde bara
honom skratta som vanligt med sina
kompisar. Det öppnades ölburkar, det
spelades musik och än idag finns det en
låt som har satt sådana djupa spår i mig
att jag inte kan höra ens en mening av
den. ''Whatever it takes'', av Imagine
Dragons. Jag hade hört låten säkert 100
gånger tidigare och gillade den starkt.
Men än idag är den bara en påminnelse av
hur otroligt misslyckad jag kände mig.

> *- Always had a fear of being
> typical*

Efter att allt med otroheten lagt sig och
när jag trodde att bearbetningen nått sitt
slut, så händer något som enligt mig var
väldigt läskigt men samtidigt det finaste
jag varit med om. Jag var gravid. Gravid i
vecka 7. Vi tar det från sin början.

Jag har under hela min ungdom varit
extremt känslig för de sorters hormoner
som finns i våra olika preventivmedel.
Efter att ha provat det som kunde tänkas
passa mig, kom jag överens med en
barnmorska om att under en period prova
att vara utan alla sorts konstgjorda
hormoner. Detta för att utesluta att något
annat låg i grund till mitt psykiska
mående, som såklart visar sig ligga i den
destruktivitet som jag levde i. Efter bara
någon vecka hade mitt mående förbättrats
mer än vad jag någonsin kunde tänka mig.
Aldrig mer, lovade jag mig själv. Aldrig
mer skulle min kropp behöva ta emot något
som den inte klarade av. Ändå lät jag mig
vara kvar med honom, honom som egentligen
var problemet.

Under denna sommar år 2018 jobbade jag åt
ett företag i Borlänge, samma företag som
killen. Vi samåkte ofta till jobbet och
det gjorde vi även denna dag. Jag hade

sedan länge ett bokat besök på
kvinnokliniken som ligger i närheten av
vår arbetsplats, med anledning av just
det, att hitta ett preventivmedel som
passade mig. Han var med på hela besöket
vilket jag ansåg vara bra, då kunde han
också bli mer delaktig gällande den biten.
Mitt namn ropades upp i väntrummet, just
då var jag inte ett dugg beredd på vad
besöket skulle komma att bli. Blodprov
togs, även ett ultraljud gjordes. Jag
minns att sköterskan frågade mig när jag
senast hade gjort ett graviditetstest,
mitt svar var att det bara var ungefär 2
månader sen, jag hade ju även haft min
mens som vanligt alldeles innan. Hon bad
mig att gå och göra ett test eftersom att
det tillhörde deras rutin. 5 minuter
senare var både den mest skräckfyllda men
finaste stunden i mitt liv. Jag var
gravid, och utifrån vad ultraljudet visade
så hade jag varit det i 7 veckor. Jag var
livrädd av anledningen att pojkvännen gick
runt i cirklar, jag såg hur stressad han
blev. Samtidigt var jag överlycklig över
att jag hade förmågan att kunna bli
gravid, då detta hade varit något jag
funderat på mycket innan.

Jag visste redan då att jag skulle göra
abort eftersom att jag fortfarande gick i
skolan. Jag ansåg att mina barn skulle få
växa upp i en familj med stabil ekonomi
och med stabila föräldrar. Jag vet såhär i

efterhand att jag egentligen redan då var redo att bli mamma, mognadsmässigt. Jag hade levt klart mitt ungdomsliv och var egentligen redo för allt som livet ville ge mig. Något jag också visste och som nog var den största anledningen till mitt beslut av abort, var att han var absolut inte den personen som skulle få vara pappan till mina barn. Jag skulle inte sätta ett barn till livet som skulle behöva växa upp med en alkoholiserad pappa som inte brydde sig om någon annan än sig själv. I bilen på vägen hem pratade vi om det vi just fick uppleva. Han stod starkt för att han inte var redo att bli pappa, vilket jag respekterade till fullo. Jag anser att man är 2 i en graviditet, från början till slut. När vi började närma oss vårt hem vräker han ur sig just precis dessa ord: *''Jag kommer att lämna dig om du väljer att behålla''*. Där visade han mig åter igen, att vi resonerade helt olika, han såg bara sig själv och sina behov. Jag minns inte att han frågade mig en enda gång om hur jag kände i allt detta. Han visste också mycket väl om att jag känt oro för huruvida jag kunde bli gravid eller inte. Detta gjorde mig väldigt ledsen och jag ångrar till viss del aborten än idag, även fast jag vet att det var för både mitt och för barnets bästa.

Kapitel 5

Ett år till hade gått, år 2018, det sista året som på ett eller annat sätt var det sista där jag egentligen kunde finna något som helst fint i vår relation. Det sista året som jag var mig själv och det sista året jag var mer eller mindre lycklig. Detta nyår hade vi bestämt att åka till några nära vänner inom motorsporten för att fira. Det är med handen på hjärtat en av de bästa nyår jag varit med om. Alla var glada och övertaggade på allt det nya året skulle ge inom motorsporten. Jag hade bestämt mig att våga satsa mer för min egen del. Jag ville sitta mer bakom ratten själv, samt att utvecklas i högerstolen. Men den allra största drömmen jag hade, var att en dag vara en del av ett stort team. Min stora förebild var en tjej som heter Lisa, hon hade nått just det målet som jag också ville uppnå. Kan ni tänka er det själva? Att som ung tjej ha en egen roll i ett mekanikerteam? Som ni kan räkna ut själva så stannade detta som bara just drömmar. Hans satsning gick före, precis som allt annat som hade med honom att göra. Han var expert på att lova saker för att sedan bryta dessa löften. Det blev en vana tillslut, jag litade aldrig på något som sas förens jag faktiskt såg det hända med egna ögon. Om det beror på att han

hade större visioner än vad som var
möjligt, eller om han ljög för både mig
och sig själv, ska jag låta vara osagt.

<u>Kapitel 6</u>

2019. Att mitt liv som 19-åring skulle få
en sådan vändning som det fick är för mig
i efterhand ofattbart. Jag har ända sen
jag var liten haft drömmar om att utbilda
mig till polis, ha en familj med 2 barn,
ha ett fint hus och en fin man att uppleva
livet med. Detta år fick mig att tro att
det aldrig skulle kunna gå i uppfyllelse.
Jag slutade tänka på framtiden, jag såg
den inte på något annat sätt än kolsvart.
Jag var säker på att jag skulle leva mitt
liv i en bubbla av alkohol, trakasserier
och våld, totalt instängd i mig själv.

Året började helt okej, vi flyttade tidigt
det året till vår första gemensamma
bostad. Det var en etta i ett fint område
i samma kommun som jag växt upp i. Det var
en perfekt bostad att bo i som första egna
boendet, hyran var låg och lägenheten var
stor nog för ett par i vår ålder. Eftersom
jag ansåg mig skyldig att bidra med min
del till hemmet, det vill säga att betala
halva hyran och allt annat som blir en
omkostnad i ett hem, hade jag skaffat mig
ett extrajobb utanför skolan som
vårdbiträde och vikarie i kommunen. Han
hade även satt det som krav på mig om vi
skulle flytta ihop. En typisk veckodag för
mig kunde se ut ungefär såhär: Skola
mellan 08:00-14:30, direkt hem och byta
kläder för att sedan åka och jobba mellan

15:30-21:00. Jag tyckte väldigt mycket om mitt jobb och såg inget problem alls i att många av mina dagar såg ut såhär under den tid jag hade kvar i skolan. Det som bara någon månad senare blev ett bestående problem var att han blev arbetslös, vi hade helt plötsligt bara min lön som snittade cirka 5000 kronor i månaden, samt mitt studiebidrag på 1250 kronor, att leva på. 6250 kronor, på en hel månad. Räkningarna för hemmet kostade oss 4000 i månaden, en fulltank till min bil, så att jag tog mig till skolan, gick på 800 kronor, en veckas mat och hushållsartiklar var cirka 600 kronor. Snabbt räknat så hade vi 850 kronor över efter bara några dagar sedan lönen ramlat in på kontot. Ibland hade vi inte ens det kvar, eftersom att jag ofta fick betala även hans räkningar. Pengar som jag än idag ligger ute med. Jag hade till en början förståelse i att vi satt i den sitsen, alla kan bli arbetslösa, tänkte jag och jag var bara glad över att vi slapp betalningsanmärkningar och att vi hade vårt boende kvar. Jag fick helt enkelt bara försöka få fler pass på jobbet under en period så löste det sig. Det som är märkbart i efterhand är att det inte fanns något som helst intresse ifrån hans sida att söka något nytt arbete. Sedan den dagen han gjorde sin sista dag på jobbet han hade, har han inte varit med och betalat en enda hyra. Jag har räknat ut i efterhand att det i runda slängar handlar om ungefär 100 000 kronor.

En fråga som jag ställer mig själv ofta är hur jag kunde tycka att allt var okej, hur kunde jag inte se det som är så självklart idag, redan då? Jag har alltid haft en vision om ett familjeliv där man hjälps åt i alla lägen, där pengar inte ska vara avgörande och där man oavsett vad sätter familjen i allra första hand. Den visionen lever jag efter än idag. Skillnaden från då och nu, är att jag idag faktiskt lever med någon som kan göra de visionerna till verklighet.

Det är inte förens nu som jag vet att den enda som faktiskt kämpade var jag, det var bara jag som hela tiden såg till att vi höll ihop. Hade han bara mig som en jävla morsa? Hade han ens känslor för mig? Troligtvis inte. Om jag får göra en vild gissning, så hade han förmodligen det jag ska berätta om snart, i sikte från allra första början.

Jag kommer så väl ihåg en dag i skolan när jag gick sönder helt och hållet. Vad hade hänt då, tänker ni? Ingenting. Ingenting hade hänt just precis då, men jag antar att det var ett sätt för min kropp att tvinga mig till att förstå att den faktiskt inte orkade mer. Min stackars kropp som under en så lång tid behövt

hålla mig vid liv, för att jag skulle
kunna hålla honom vid liv. Jag kommer ihåg
att jag blev sittande kvar i klassrummet
efter att vi slutat för dagen. 2 av mina
lärare stannade kvar och när den sista
klasskamraten lämnat rummet så kom varenda
känsla jag haft inom mig ut, i ett
panikartat gråt. Jag minns hur de försökte
få mig att förstå att jag bar en alldeles
för tung last, de såg mig gå sönder mer
och mer. Jag är så himla tacksam idag för
att jag haft de lärarna som jag haft, utan
deras förståelse så hade jag förmodligen
varit ett vrak varenda dag. Tack snälla J
& P, ni gjorde min student möjlig.

Med rödsprängda ögon skyndade jag ut från
klassrummet, genom hallen där hela
byggklassen satt och hade rast. Jag
kollade ner i telefonen och låtsades
skriva för att ingen skulle se mig. För
tänk vad hemskt, om någon faktiskt skulle
se att man inte mådde så bra?

I bilen på vägen hem från skolan ringde
min chef, det hade blivit en akut sjuk och
hon frågade mig om jag kunde hoppa in med
kort varsel. Utan att faktiskt tänka efter
vad vi nyss pratat om i klassrummet, hör
jag mig själv säga *''Självklart, jag
skyndar mig''*. Åter igen hade jag struntat
totalt i min självrespekt. Hur kunde min
kollegas förkylning vara en större
anledning att vara hemma från jobbet, än

min totalt förstörda psykiska hälsa?
Varför kunde jag inte säga ifrån och för
en enda skull ta hand om mig själv? Det
fanns ju fler vikarier? Svaret vet ni nog
säkert nu. Jag var tvungen, annars visste
jag att månaden efter skulle bjuda på
ångest över att jag inte tog det där extra
passet.

Kanske hade jag kunnat säga ifrån mig jobb
just den dagen, om han som jag levde med,
hade struntat i att köpa en låda öl den
helgen också. För så hade det blivit,
vecka efter vecka. Minst en låda öl per
helg och vecka. Fanns det inga pengar, så
samlades det ihop pant för att kunna köpa
en låda av den billigaste ölen på
systembolaget. Samtidigt som han stod i
kön för att köpa öl, kunde kylskåpet vara
tomt hemma. Jag fick lära mig hur man
prioriterade, var mjölken eller grädden
till maten viktigast att köpa hem? Hans
enda prioritering var lådan med ''ey bro''
för 216 kronor. Jag ansåg att för de 216
kronorna kunde vi köpt hem både mjölk och
grädde till veckans middagar. När ölen
tagit slut för helgen och det var åter
söndag, så hade han ju även rökt upp alla
cigaretter kvällen innan. Vem tror ni fick
lösa det problemet? Jag. Jag fick glatt
swisha för att han skulle kunna åka och
köpa ett paket cigg och bakisdricka. Jag
fick ge bort de pengar som jag kvällen
innan hade tjänat genom att köra kompisar

till krogen. De pengar som jag hade räknat
ut skulle räcka till bränsle så jag skulle
ta mig till skola och jobb, samt lite
handel för veckan. De var hans att
förbruka, för husfridens skull. Om jag mot
förmodan inte swishade, fick jag minsann
höra att jag borde veta att han blir
grinig i flera dagar om han inte fick röka
eller dricka Red Bull.

Kapitel 7

Just när allt är som värst, fick allt en vändning. Trodde jag i alla fall. Han hade fått ett nytt jobb. Jag hade länge tänkt att anledningen att hans drickande ökat radikalt, var att han bedövade ångesten över arbetslösheten med just alkohol. Det hade ju jag gjort innan. Bedövat ångest med alkohol, alltså. Jag visste att det var en lätt utväg, jag visste att det lindrade för stunden, mer än någon annan metod. Jag visste att det inte var rätt och jag visste att det är livsfarligt att dricka alkohol om man ens har en gnutta ångest inom sig. Men jag visste också att det inte skulle spela någon som helst roll vad jag sa. Man kan aldrig någonsin få en person att avta från ett beroende, utan att personen i fråga är medveten om att det är ett problem.

Det nya jobbet fungerar till en början bra för honom, ÄNTLIGEN hade vi en inkomst som man faktiskt kunde leva på igen. Äntligen kunde jag faktiskt vara hemma från jobbet om jag var sjuk. Problemet var att jag aldrig igen fick hjälp av honom med att betala hyra eller något annat. Det fortsatte i samma mönster. Jag frågar mig än idag hur man kan göra slut på en hel månadslön på ett par dagar, för att sedan fortsätta fråga sin studerande flickvän om pengar till cigaretter. Utan någon som

helst skam i kroppen över att han inte
betalat en enda krona till vårt gemensamma
hem. Vart hamnade hans pengar någonstans?
Jag vet vad han betalade på sina egna
räkningar varje månad och att det inte ens
täckte en femtedel av lönen.

Efter bara några månader på sitt nya jobb
missköttes det också, försovningar varje
dag som tillslut ledde till att han
återigen blev arbetslös.

<u>Kapitel 8</u>

Fan, tänkte jag, när jag för första gången
kände lukten av sprit när vi pussade
varandra god natt, på en tisdag. Vi hade
det som en grej, att varenda gång vi
skulle sova pussa varandra god natt och
säga att vi älskade varandra. Jag kommer
precis ihåg känslan av hur hjärtat rusade
och hur ångesten återigen vaknade till
liv. Ska jag påpeka det eller bara låta
det vara? Jag valde att försiktigt berätta
att jag kände doften och det gjorde inte
att ångesten dämpades direkt. ''Passar det
inte kan vi väl göra slut'' var svaret jag
fick. Jag kände hur hjärtat gick sönder,
ännu mer än vad det tidigare gjort. Det är
alltså ett ultimatum, där alternativen var
att stanna i en relation som man mår
dåligt av, eller att lämna för att sedan
gå sönder i en miljon bitar. Eller ja, det
sistnämnda var aldrig något alternativ
egentligen, jag hade redan lirkats ner i
all misär gällande den relationen. Det
fanns alltid en ursäkt. Det fanns alltid
en anledning att förlåta. Det fanns alltid
ett hopp om att allt skulle komma att bli
förändrat en dag.

Kapitel 9

Vi hade ett väldigt starkt gemensamt
intresse för motorsport, som är värt att
faktiskt hyllas. Jag är så fantastiskt
tacksam över att ha fått vara med på allt
det. Men även detta går överstyr och det
blev tillslut ytterligare tillfälle att
förtära alkohol. Det går inte ihop tycker
jag, det klingar liksom fel att
sammanstråla alkohol med bilkörning.
Dessutom så var prislappen på denna
livsstil inte av denna värld, hela
månadslöner och mer därtill gick åt varje
månad, varje sommar. Det kanske mest
tragiska i allt detta, var att den talang
han hade, valde han att kasta bort i
utbyte mot ett beroende. Det hann ju trots
allt bli några pallplatser i Svenska
Mästerskapen genom åren. Jag tror helt
ärligt att han hade kunnat gå långt om
fokuset hade fortsatt vara på att
utvecklas inom rätt sak.

Jag fick även möjligheten att få sätta mig
bakom ratten själv. Jag minns så väl min
allra första folkracetävling, jag har
aldrig känt sådan nervositet i mitt liv.
Det som fick mig att faktiskt ställa mig
på startplattan var stödet jag kände från
honom. För tro det eller ej, det fanns en
gång då jag kunde hitta glimtar av något
fint mellan oss. Det här var något som jag
trodde skulle föra oss samman och göra oss

starkare. Men det blev i slutändan en enda
stor stress och mitt sug efter eget
tävlande avtog snabbt.

Kapitel 10

Under de sista månaderna av 2019 hade den fasad som vi under så lång tid byggt upp, börjat fallera. Den fasad som under så lång tid varit anledningen till att ingen egentligen visste något om oss överhuvudtaget. Den fallerar i samband med att fler och fler börjar se en förändring gällande honom. Han vågar nu ta ut sin aggressivitet även i folksamlingar, samt att han i allmänhet trycker ner mig med sina ord, utan att ens reflektera över det själv. Det finns ett samtal som på något vis etsats sig fast i mig. Någon som från början var kompis med honom, men som snabbt även blev en nära vän till mig hade börjat se en destruktiv sida. Jag vill minnas att han var den första som faktiskt reagerade och som fick mig att reflektera över vad som egentligen höll på att hända. Medberoende som jag var under så lång tid, så tänkte jag inte särskilt mycket på det. Jag levde vidare som vanligt med försvaret i högsta hugg, ingen skulle någonsin igen behöva påpeka något så självklart egentligen. Jag visste av tidigare erfarenhet att den som skulle behöva förändras var jag, även fast det var han som var destruktiv. Detta höll tack och lov inte länge, snart började var och varannan påpeka sina åsikter angående vårt förhållande. I takt med att jag tog till ännu ett försvar för att åter dölja

sanningen. Jag kommer ihåg första gången
som någon faktiskt sa till mig att jag
borde lämna honom och aldrig någonsin
komma tillbaka igen. Jag kommer ihåg hur
det kändes när jag trodde att hjärtat
skulle vrida sig ur kroppen och hur
ångesten återigen skulle få full kontroll
över mig. Det fanns inte en möjlighet i
världen att jag faktiskt skulle lämna
honom, för oavsett vad så skulle vi vara
tillsammans.

Men att vara medberoende av en narcissist,
hur funkar det? Det märks att jag som
uppenbart hade väldigt lätt att bli
medberoende, tillsammans med honom som
narcissist, var dömt att misslyckas. I
korta drag så funkar en narcissist på det
viset att personen vill ha all
uppmärksamhet, saknar empati och drivs
ofta av fantasier om olika sorters makt.
Jag som medberoende uppskattade därmed att
jag hade någonting att vara till lags för.
Jag har alltid känt att jag haft hela
ansvaret gällande hans känslor och tankar.
Jag gick med på i princip vad som helst
och han blev alltid förlåten och för mig
var det väldigt tydligt med att jag totalt
avskaffade mig den lilla självrespekt som
jag hade kvar. Jag gjorde allt för att
göra han nöjd och att tillfredsställa hans
behov före mina.

Jag minns hur jag gömde alkoholen som var
över efter varje helg för att aldrig mer
behöva känna denna starka spritdoft mitt i
veckan. Jag inser nu att det enda jag
egentligen gjorde var att lura mig själv.
Anledningen till hans alkoholvanor var
aldrig att jag lät helgens öl-låda stå
kvar för veckan. Anledningen var att han
var alkoholist. En alkoholist som så många
andra var omöjlig att hjälpa, för att utan
en egen förståelse av sitt beroende tar
man heller inte emot någon hjälp. Jag bad
på mina bara knän till både mina och hans
kompisar att inte bjuda med honom på något
alkoholrelaterat, för oavsett så slutade
det alltid med att han hamnade där. Att vi
hade något planerat spelade aldrig någon
roll, där alkoholen fanns, fanns han
också. Jag uppfattade att målet alltid var
att bli så full som möjligt, på så kort
tid som möjligt. Det värsta på en hel
månad var den 25. Han fick lön då, och
kunde då i sin tur köpa en större mängd öl
eller sprit, som ofta räckte hela veckor
till sina väldigt sena kvällar i garaget.
Jag däremot drack nästan aldrig alkohol.
Jag visste liksom att om jag inte kunde
hämta honom, så ansåg han sig ha fria
händer till att göra mig besviken på något
sätt. Å andra sidan förväntade jag mig
varje helg det psykiska våldet som tog
fart i samband med detta alkoholmissbruk.
På något vis ansåg mitt trasiga hjärta att

det var bättre att han var mentalt elak,
än att han var otrogen, precis som om det
var mitt ansvar.

<u>Kapitel 11</u>

I samband med att både min och hans psykiska ohälsa ökat markant, kommer han en dag hem lite senare än vanligt. Jag hade inte märkt att det faktiskt var så sent som det var då jag somnat av på soffan efter jobbet. Jag hade således inte ringt den kvällen, så som jag brukar göra de gånger klockan sprungit iväg för honom. Jag vaknar av att jag hör ett snyftande i hallen och känner direkt hur hjärtat slår volter i mig. Tankarna gick direkt till att han skulle lämna mig kvar där, ensam. Just då kunde jag inte tänka mig att något skulle kunna vara värre än just det. *''Jag har försökt ta livet av mig''*. Vad fan sa han precis? Skulle han lämna mig kvar där helt ensam? Självklart var jag aldrig någonsin ensam men med honom kändes det så. Jag tog detta på fullaste allvar och dagen efter åkte vi in på psykakuten för att kunna få rätt hjälp. Jag visste redan innan att jag inte skulle klara av att ha allt detta på mina axlar, vilket jag senare fick ha ändå. Alltid livrädd, en ständig tanke som liksom etsats sig fast i mig. Allt som tidigare varit en stor del av mig, det som formade mig, var nu bara nonsens. Ingenting spelade någon roll längre, jag skulle bara hjälpa honom att inte falla om och om igen. Jag var ombedd från honom att bara låta han göra det han vill, och att jag helt enkelt fick stå ut med att han är lite mer sårbar och arg än vanligt. Jag gjorde precis vad som helst för honom. Jag har ringt skolans nummer för sjukanmälan många gånger. Oftast var det för att kunna ha ett extra öga på honom under natten, om han hade haft en sämre dag än vanligt. Jag gjorde precis som så många andra tjejer, jag visste att jag skulle beskylla mig själv om något hände honom. Idag vet jag att jag aldrig någonsin burit ansvaret över hans liv. Jag önskar att jag visste det då också.

Jag vet inte hur jag ska förklara dessa tankar så ni förstår. Jag vill börja med att understryka att allas liv är värt allt i världen och att all psykisk ohälsa ska tas på allvar. Alla suicidtankar är allvarliga och även hans. Men det jag vill säga är att det någonstans inom mig känns som om dessa självmordsförsök egentligen inte gick så långt som jag trott. Något säger mig att det var ett knep från hans sida för att jag skulle stanna, eftersom att det alltid fanns ett samband. När jag började bry mig lite mindre och när jag började spåna på tankar om att lämna relationen, kom ett nytt försök, om och om igen. Jag antar att det märktes på mig när jag såg relationen som mindre hållbar, för jag vågade ju aldrig säga något. Å andra sidan märker man ju också på en person man känt länge, när något är fel. Jag är så stolt över mig själv att jag försökte så gott jag kunde med att hjälpa honom på banan igen. Det hade jag gjort för vem som helst.

I samband med de ökade självmordsförsöken ökade även alkoholkonsumtionen. Jag önskade att det "bara" var det, men har i efterhand fått veta att det även rörde sig om självmedicinering i form av alkohol tillsammans med tabletter. All alkohol som han drack var förmodligen en självmedicinering, rakt igenom. Nu hade det gått så långt att han var och varannan dag sprang på macken för att köpa folköl. Fanns det inte starköl så fick folköl helt enkelt duga. Jag har lärt mig att man vid en självmedicinering inte är ute efter att bli full varje gång. Man nöjer sig ofta med vetskapen om att ens en liten mängd alkohol finns i kroppen. Jag tror att det har lite att göra med hur måendet skildrar sig från dag till dag. Ena dagen kanske man helt enkelt "unnar" sig en öl, för att man haft en bra dag, medan man en annan dag inte nöjer sig med ruset från alkoholen, utan man måste blanda den med tabletter eller andra droger. Jag fick verkligen för första gången en känsla av att jag aldrig kommer kunna hjälpa honom, jag kommer aldrig att vara den som får honom på benen igen. Där och då backade jag. Jag fick se honom förstöra sig själv mer och mer medan jag såg allt på håll, inlindad i alla känslor som ångest skapar.

Jag själv har aldrig provat en drog, men
har dåliga erfarenheter av dem och det är
därför ett känsligt ämne för mig. Jag vet
att han provade amfetamin för första
gången en sommarkväll. Då ville jag skrika
så hela världen hörde mig. Jag ska med
handen på hjärtat säga att det gjorde
ondare att få reda på drogerna, än
otroheten. Jag vet inte hur jag inte kunde
märka att han var påverkad den kvällen.
Jag visste sedan tidigare vad som tyder på
att man tagit en drog, och att det kan
skilja sig från person till person. Han
hade nästan alla de vanligaste symtomen,
det vill säga stora pupiller, omärkbar
påverkan av alkohol, svårt att sitta still
samt att han festade ända fram till sen
morgon. Jag antar att jag bara var så
blåögd att jag inte ens ägnade en tanke åt
det. Jag trodde liksom inte att min kille
skulle ha intresse för droger, men ack så
fel jag hade. Jag blev återigen grundlurad
och sviken av den som då betydde allra
mest för mig. Jag förlåter dig aldrig för
det.

<u>Kapitel 12</u>

Och så gjorde han det som jag tidigare förlåtit, igen. Idioten gick för sin andra otrohet mot mig. Lyckligtvis hade tjejen i hans sikte inget som helst intresse i att ens röra honom, hon visste att han var i ett förhållande. Jag önskar att det fanns fler som tänkte så, även fast det aldrig skulle vara hennes fel om något hänt mellan dem. Allt hade legat på honom, eftersom det var han som valt att vara otrogen. Jag kommer ihåg hur han sa till mig att han skulle gå ut och röka en cigarett tillsammans med en tjejkompis som han inte hade träffat på länge. Jag skulle ljuga om jag sa att jag inte blev orolig, då jag hört honom uttrycka sig om hur snygg hon var många gånger förut. Samtidigt har jag alltid ansett att man får se men inte röra när man är i ett förhållande, och valde att lita på honom den gången. Han hade ju liksom alldeles innan pussat mig framför henne. Jag har också alltid ansett att svartsjuka är det värsta som kan hända ett förhållande. Jag visste ju att jag skulle bli ledsen om han hindrade mig från att umgås med mina killkompisar, så då kunde jag ju inte hindra honom heller. Dessutom så kan man aldrig hindra en otrohet, har den ena parten planer på att vara det så kommer han vara det förr eller senare oavsett om du stått i vägen för det gången innan. Jag har fått en förklaring angående denna otrohet från honom, som lyder följande: *"Jag var ju otrogen för att jag inte älskade dig då"*. Precis som om att det skulle göra det helt okej? Hur kan man vara så rent av dum i huvudet att ens använda det som ursäkt? Spelade mina känslor ingen som helst roll? Men i slutet av dagen klandrade jag ändå mig själv. Det var jag som bad om ursäkt för att ha blivit ledsen. När vi kom hem den natten var den första gången som han gick på mig fysiskt. Jag minns hur jag gömde mig på toaletten med ett hopp om att han inte skulle sparka in dörren. Jag var livrädd. Vad fan gör han om han kommer in? Kommer han slå ihjäl mig och kommer jag att kunna försvara mig? Jag kanske är värd det? Det gick någon timme innan jag vågade mig ut, jag visste inte om han väntade utanför eller om han hade somnat. Han hade lagt sig på soffan och somnat och jag smög försiktigt in i sovrummet och låste dörren den natten.

Fan, Hannah. Fan att du lät dig genomlida detta. Fan att du unga tjej, inte ansåg dig mer värd. Fan att du fina tjej, inte vågat öppna dig om detta fören nu. Fan att jag hållit detta inom mig ända tills nu, när denna bok släpps.

<u>Kapitel 13</u>

Psykiskt våld, vad är det? Psykiskt våld
innebar för mig kränkningar, manipulation
och dåligt samvete. Jag hade inte märkt
förens såhär långt in i relationen att jag
varje dag fick vara med om psykiskt våld.
Jag visste inte att en så liten mening som
"Du är finare med smink", räknades som
psykiskt våld. Idag tänker jag annorlunda.
Vad hade han med det att göra, huruvida
jag valde att använda smink eller inte?
Jag har varit utsatt för detta ända sen vi
blev tillsammans. Han hade bara varit
väldigt duktig på att manipulera, då allt
han sa på något sätt kändes rätt. Jag
ansåg ju att han påpekade saker om mig för
att hjälpa mig vara den bästa versionen av
mig själv. Det var ju dock aldrig så, det
var ju för att han skulle ses som den som
var störst av oss. Det var helt enkelt för
att han alltid varit en narcissist, och
kommer förmodligen alltid att vara det.
Jag hade förlorat 23 kg på min kropp på
grund av honom. Det skulle aldrig ha fått
vara hans val. Vad jag ska väga alltså.
Eller hur jag ska se ut, vilken hårfärg
jag ska ha, hur mycket eller lite smink
jag ska ha eller vilka kläder jag ska ha.
Ingen annan människa ska få ha den makten
över dig. Snälla du som läser detta. Släng
din våg om du har någon och sluta se ner
på din kropp som bär dig genom livet. Tänk
istället på vad mycket den låter dig

uppleva. Sommar, vinter, graviditeter, skratt, tårar, livet. Den låter dig uppleva livet.

Jag fick sedan se honom förändras. Han förändrades till en alkoholiserad kvinnomisshandlare.

<u>Kapitel 14</u>

Detta kapitel kommer bli tufft för mig att skriva, samtidigt som det känns skönt att på något vis förflytta detta trauma, från huvudet till nerskrivet i något jag kommer spara i hela mitt liv.

Han lämnade mig och vårt förhållande i december 2020. Jag har aldrig varit med om något så tufft i vår relation tidigare. Vi kom i alla fall överens om att behålla respekten mot varandra eftersom vi levt tillsammans i nästan 3,5 år. Vi bestämde att försöka vara lite smidiga om vi träffade någon annan, och att vara försiktiga med vad vi la ut på sociala medier, även fast vi inte längre följde varandra. För som ni vet, så sprider sig saker fort på sociala medier och det finns alltid någon som tror att det är en bra idé att förmedla vidare vad den ena sagt och så vidare. Jag kommer ihåg att jag la ut på min snapchat-story att jag inte ville veta vad han gjorde, att det bara sårade mig mer än vad det gjorde nytta. Tack till alla för att ni respekterade detta, även om jag bara några dagar senare blev sårad ändå.

På juldagen detta år var jag inbjuden på en fest med mina vänner. Jag trodde att jag hade börjat gå vidare från vårt förhållande och kände något slags lugn jag inte känt tidigare. Jag och min bästa vän

Lovisa var på festen tillsammans, i en lokal utanför Ludvika där det ofta brukar vara fest på helgerna. Det var många av mina vänner där och det var en fantastisk kväll. Det jag ångrar är att jag skrivit med honom den kvällen, och frågat om han ville sova hos mig. Svaret var till en början nej och egentligen var det inget mer med det, jag fortsatte ha kul. Strax efter så träffade jag denna tjej som han försökt vara otrogen med några veckor tidigare, och det var inte förens nu jag fick reda på det. Hon berättade allt för mig och det gjorde så fruktansvärt ont i mig att behöva höra det igen, så där och då bestämde jag mig för att totalt strunta i att ha respekt mot honom. Varför skulle jag tänka på vad jag gjorde som singel, när han inte tänkte på vad han gjorde när vi var tillsammans? Kvällen slutade med att jag följde med en annan kille hem, och jag kände mig typ, otrogen? Jag kände att jag svikit honom så grovt, ändå var det han som gjorde slut med mig. Jag skrev till Lovisa att hon var tvungen att komma dit och hämta mig, jag hade en så fruktansvärd ångest. Samtidigt som jag hade en konversation med henne så dök hans namn upp på min telefon. ''Får jag sova hos dig ändå?''. Vad händer om jag nu säger nej när jag tidigare varit den som kom med förslaget? Jag svarar att han såklart fick göra det. Jag hade bestämt

mig för att vi bara skulle sova, och att
jag absolut inte kunde säga vad som hänt.
Dels för att han egentligen inte hade med
det att göra, men också för att jag kände
någon slags rädsla för vad som skulle
hända om han ens misstänkte att jag varit
med någon annan. Han hade ju tidigare sagt
att ''jag kommer aldrig att respektera att
du är med någon annan''. När vi kom hem
förstod jag snabbt att han inte var med
mig för att bara sova, och jag försökte på
många diskreta sätt att se till att inget
mer skulle hända. Jag brukade inte lyckas
med detta vanligtvis, och än mindre denna
gång. Han skulle ju fatta om jag
totalvägrade. Det är så fruktansvärt skönt
att idag veta att jag gjorde rätt den
kvällen, för oj vad han hade kunnat agera
fysiskt mot mig om jag sa sanningen då.
Han, med alkohol i kroppen, är en
livsfarlig kombination. Jag är inte den
person som är med 2 olika killar på en
kväll, och skulle förmodligen säga som det
var till vem som helst, förutom honom.

Jag ska heller inte ljuga och säga att jag hade tappat det som jag trodde var känslor. För oj, vad det rev upp känslor och sår när vi vaknade morgonen efter. Fan, tänkte jag. Jag hade fuckat upp allt för mig själv, igen. Ska jag behöva gå igenom det värsta som finns, igen? När jag precis börjat läka? Varför var jag tvungen att lägga till honom på sociala medier igen, och skicka iväg den där frågan?

Dagarna gick och det blev nyår. Jag hade bestämt mig för att försöka ta mig ut med vänner igen. Vi hade blivit inbjudna på en fest i en annan ort, och jag tyckte det var bra eftersom risken att behöva se honom igen, var minimal. Kvällen var fantastiskt kul i vanlig ordning när man tillbringar den med dessa personer. Vi hamnade tillslut hemma i Ludvika igen, och jag hade totalt tappat tidsuppfattningen och festade ända fram till klockan 8 på nyårsdagen. Den tiden på dygnet fanns

ingen skjuts att få ända hem, så jag sov
hos några vänner. Han jobbade på
nyårsdagen och hade varit orolig att jag
varit med någon annan och ville därför
komma och prata efter jobbet. Det dröjde
inte länge innan han satt där med
tårfyllda ögon och var ledsen eftersom att
han inte hade förstått vad han hade
förlorat. Jag hade ju saknat honom massvis
också och blev så otroligt glad över att
han ville vara med mig igen. Otroheten som
jag nyligen hade hört talas om var som
bortblåst igen. Vi kramades och hade
bestämt att försöka igen, men eftersom att
min familj skulle komma på besök så åkte
han iväg en stund för att komma tillbaka
senare. Jag hade under tiden som familjen
var på besök, bestämt mig för att berätta
om vad som hände på kvällen den 25
december. Jag ville ju självklart att det
kom fram till honom genom mig, istället
för att det skulle komma fram genom
ryktesvägar. Jag förstod inte då att han
skulle reagera så starkt som han gjorde,
då hade jag förmodligen aldrig sagt något.
När jag berättar för honom får jag först
en ganska naturlig reaktion, man märkte på
honom att han blev ledsen, vilket jag
också hade blivit. Han ställde sig upp och
gick mot dörren varpå jag frågade om han
inte kunde sätta sig ned så att jag fick
förklara för honom. Då hör jag honom säga
att han kommer att åka och ta livet av sig

igen. FAN. Det dröjer inte länge innan jag
ligger på golvet, han hade tagit tag i mig
och slängt ner mig. Jag får panik och
frågar vad han håller på med samtidigt som
han gick ner för trappen och skrek att jag
kunde dra åt helvete och att det skulle
vara mitt fel om han snart inte fanns mer.
Vad fan gör jag nu? Jag hade aldrig sett
honom såhär innan, kommer han faktiskt
fullfölja ett självmord? Kommer jag
någonsin kunna förlåta mig själv om jag
inte agerar? Hur skulle jag agera? Ska jag
ringa polisen? Vad gör han om jag ringer
polisen? Att behöva tänka på dessa frågor
på så kort varsel resulterade i att jag
kastade mig i bilen för att se till att
han inte skadade sig själv. Jag åker först
till det garage han brukade vara i, men
han är inte där. Fan, står han på
järnvägsspåret nu? Jag måste veta att han
är säker. Vidare åkte jag till en annan
verkstad där hans bil står. Jag vet att
det finns en travers där, och andra grejer
som funkar utmärkt om man tänkt ta sitt
liv. Efter många om och men tar jag mig in
och går till traversen för att försöka få
den ur funktion. Jag minns hur han kastar
en bräda mot mig och tar tag i en
skruvmejsel och går för att börja skruva
tillbaka lampknappen som han tidigare
slagit sönder. Det som sedan hände i
verkstaden är att jag blev knuffad in i
bänkar och andra möbler samt att han

slängde ner mig i golvet för att sedan
sätta sig på mig och ta ett stryptag. Jag
fick ingen luft alls och började känna hur
jag försvinner mer och mer i huvudet. Det
kändes som bomull. Om det kom från smällen
i golvet eller stryptaget vet jag inte.
Han släpper efter några sekunder, men som
för mig kändes som flera minuter. Han gick
ut genom dörren och jag med, varpå jag
blir nedslängd en gång till i asfalten,
utanför verkstaden. Kort därefter känner
jag hur jag slår i huvudet i huven på hans
bil, jag började få minnesluckor här. Jag
vet att jag skrek allt vad jag kunde efter
hjälp. Någon måste höra mig, någon måste
komma hit och hjälpa mig. Jag var livrädd
att han skulle köra över mig med bilen.
När jag skriker kommer jag ihåg hur han
bad mig att sluta, eftersom att det inte
var någon bra reklam för hans pappas
firma. Jag tar mig in i min bil som stod
bakom hans, samtidigt som jag ringer min
vän och förklarar vad som precis hänt. Han
kommer efter bara någon minut och sätter
sig i bilen med mig och försöker lugna
mig. Jag har aldrig känt denna panikkänsla
innan. Bara någon minut efter så ser min
vän att han riggat upp en plats för att
hänga sig i garaget. Vad fan gör vi nu?
Jag hade fortfarande inte förstått vad som
precis hänt. Jag ansåg inte att det var så
allvarligt. Jag hade aldrig åkt till
garaget för att dra igen luckan i golvet

om inte min vän var med. Men eftersom att han följde med in för att se till att ingenting hände, bestämde vi oss för att göra det och sen åka hem. Jag förstår inte än idag var min självrespekt var. Varför fortsatte jag bry mig? Förmodligen för att jag hade förhoppningar om att även detta skulle lösa sig och förhoppningsvis göra oss starkare på något vis. Det tar tyvärr inte slut här. Med ett minne som i princip var bortblåst här så har jag gått ner i porten för att lämna över hans öl som han frågat efter. Vad skulle hända om jag inte gjorde det? Skulle han komma upp i lägenheten igen? Jag vet att min vän erbjöd sig att gå ner med dem till honom, men jag antar att jag kände att jag inte ville riskera att han blev skadad eller liknande och att han inte skulle behöva gå emellan. Jag minns inte hur det gick till, men nästa grej jag minns är att jag sitter bredvid honom i bilen och att han hotar mig med att krocka med en buss. Han skrek att hade skulle köra ihjäl både mig och han. Jag blev livrädd och bad honom sluta. Det besvarades med flera slag i min mage och på mitt bröst. Jag kommer ihåg hur det kändes som att luften gick ur mig. Han vände sedan bilen tillbaka mot min lägenhet och uppger att han köpt x antal gram amfetamin. Förmodligen hotade han med detta eftersom att han vet att jag hatar droger över allt annat. Detta var det som

fick mig att ringa polisen. Sjukt va? Att
jag ansåg att misshandeln var förtjänat
men när han hotar med droger så fick jag
nog. Jag tog upp min telefon för att
skriva in 112 ifall att han skulle
bestämma sig för att döda mig, men han tar
telefonen ifrån mig och håller ut den
genom rutan för att jag inte skulle kunna
ringa. Han skulle kasta ut den så att
skärmen sprack. Jag fick tillslut tillbaka
telefonen när han hade parkerat utanför
min lägenhet och kastat ur mig ur bilen.
Jag hinner inte ens in genom porten innan
jag ringt 112. Det dröjer ungefär 15
minuter tills polisen anländer hemma vid
mig, klockan var då 20:46. Under förhöret
med både mig och min vän får jag ett sms,
där han tagit kort på traversen med
texten: ''*Försök stoppa mig nu*''. Förhöret
avbröts och polispatrullen begav sig mot
verkstaden för att stoppa honom. Han fick
åka med in till stationen och blev
arresterad i 2 dagar. Förhöret återupptogs
sedan klockan 22.42 då polispatrullen kom
tillbaka. Vid denna tidpunkt hade familjen
och mina närmsta vänner kommit hem till
mig. Jag vill tacka innerligt för det, jag
vet inte vad jag hade gjort utan er.

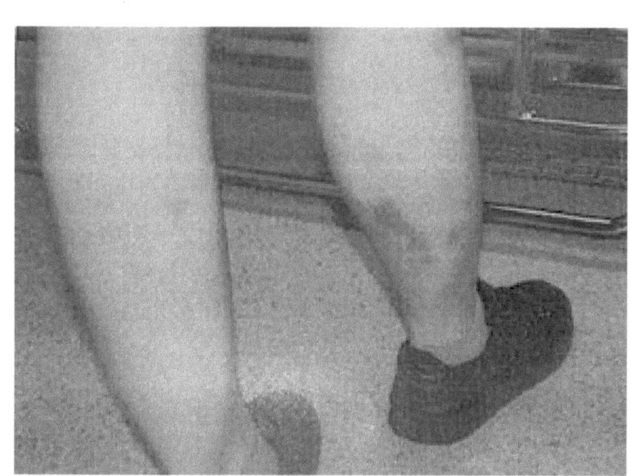

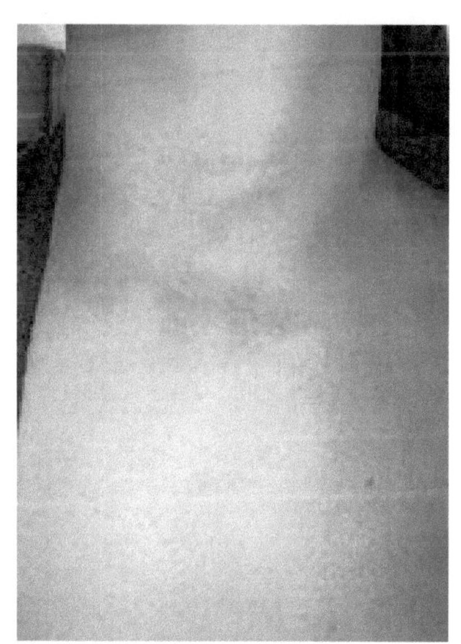

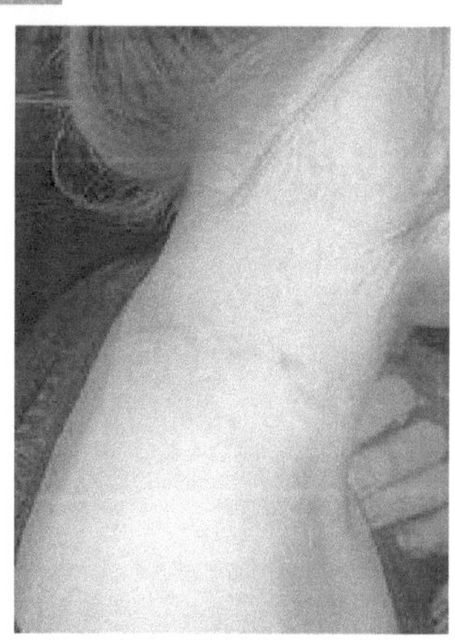

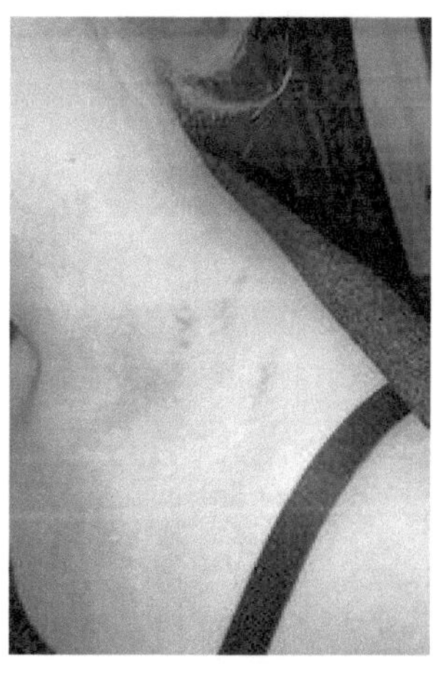

<u>Kapitel 15</u>

Jag kommer ihåg att det gjordes ett undantag från polisens sida, eftersom att min säkerhet var hotad. De ringde mig och berättade att han fått åka med och blivit arresterad. Det var otroligt skönt att höra. Det var skönt att höra av den anledningen att jag fortfarande var orolig över drogerna. Hur kunde jag inte vara rädd för min egen säkerhet och vad var det för makt han hade över mig? Om han hade gått fri och hört av sig den kvällen, så hade jag förmodligen träffat honom igen, min självrespekt var totalt i botten. Jag hade ju liksom tidigare struntat i att ringa till någon, eftersom att jag ville tysta ner allt som hänt, för hur skulle någon i min närhet kunna respektera han om han gjort mig illa? Nej, då var det bättre att bara vara tyst och låtsas som att ingenting hänt. För så var det, jag hade fortfarande en förhoppning om att vi skulle vara tillsammans igen och att allt skulle bli bättre. Det blir ju dock aldrig det, en sådan person som honom har det som ett personlighetsdrag, det är inte bara en dålig period eller en fas i livet som man går igenom. En våldsbenägen person har alltid varit och kommer alltid att vara just det. Jag var inte ens den personen som hörde av mig till min egen mamma angående detta. Det gjorde Sofia. Om hon inte gjort det så hade hon förmodligen

aldrig vetat om att detta hänt. Det är så
sjukt att man varit så inlindad i denna
våldscykel att man efter en sådan här sak
fortsätter att försvara den person som
gång på gång gör en illa.

Efter att jag fått veta att han sitter på
polisstationen och när adrenalinet
avtagit, börjar jag känna hur kroppen
ömmar. Vi sätter oss i bilen och åker till
akutmottagningen i Falun. Jag kände mer
och mer hur jag inte kunde röra mitt
finger, som förmodligen blivit skadat i
samband med att jag skulle ta emot mig i
asfalten. Detta har jag problem med än
idag, ett år senare. Jag kommer ihåg hur
jag fick ligga i ett rum timme efter
timme. Under dessa timmar hann jag fundera
en hel del om hur jag skulle få det att
låta som om allt var mitt fel. Hur skulle
jag få honom att bli respekterad av familj
och vänner igen? Ska jag säga att det var
jag som provocerade fram allting från
början? Med blåmärken, ett huvud som
kändes som bomull och ett totalt förstört
psyke försökte jag förklara för doktorn
vad jag varit med om. Allting skrevs ner i
en journal som sedan användes som bevis i
förundersökningen. Bilder togs, och om jag
får säga det själv så var de inte
speciellt rättvisande. De blåmärken som
syntes var i själva verket större och mer
synliga. De som aldrig kunde dokumenteras
eller som det togs bilder på, var hur

många sår som fanns inom mig. Sår som
rivits upp när jag behövde förstå att
detta på något vis skulle vara slutet för
oss. Sår som rivits upp av tanken på att
vi inte kunde fortsätta vara tillsammans.
Fan, varför kunde jag inte bara låtit det
vara? Jag hade ju gjort något som gjorde
att jag förtjänade detta, trodde jag.

Kapitel 16

Det blev söndag och den 3 januari, den dagen som han släpptes på fri fot igen. Den dagen då min säkerhet återigen var hotad. Problemet var, att jag fortfarande inte förstod att jag var under en sorts hotbild. Jag kommer ihåg hur en av de poliserna som jag tidigare haft förhör med, ringde mig för att tala om att han släppts ur arresten. Det hade vi bestämt redan dagen innan, att jag skulle få reda på när och var han släpptes. Jag hinner knappt prata klart i telefonen innan hans namn dök upp på skärmen. Han ringde. Jag struntade i att svara. Han ringde igen. Jag beslutade mig tillslut tillsammans med min vän som jag var hos, om att svara. Det enda jag hör i telefonen är hur han gråtandes försöker be om ursäkt, och att jag ska komma till honom för att han åtminstone ska få be om ursäkt. Beslutet landar i att jag under ordnade former, det vill säga att min vän samt hans familj skulle vara närvarande, bestämmer mig för att låta honom be om ursäkt. Jag hade ju liksom redan hunnit bestämma mig för att lämna honom och gå vidare i livet, eftersom att han inte skulle respekteras bland mina nära. Jag hade alltid haft en förhoppning om att vi, den dag vi skiljdes åt, skulle fortsatt vara vänner. Trots att jag var fast bestämd om att vårt sista ord skulle bli sagt där och då, så kunde jag

inte hålla tillbaka tårarna när hans hade
börjat rinna. Den enda känsla som jag kan
komma ihåg är ånger. Jag ångrade mig så
mycket att jag ''satt dit honom''. Fan vad
jag älskade honom och fan vad jag inte var
beredd att låta honom gå. Jag fick en
känsla som så många gånger innan att jag
behövde lösa det. Jag måste försöka hitta
på en historia för att familjen ska bli
enade med mig. Med oss. Det fanns ju
liksom så många fina minnen som jag inte
ville skulle gå till spillo. För tro det
eller ej, det finns så många fina minnen
som jag kommer bära med mig genom hela
livet. Och är inte det fint? Att man efter
en flerårig misär, ändå kan få nånting
väldigt fint ur det? Jag kan än idag tänka
tillbaka på det som jag upplevt med honom.
Det som vi upplevt bara jag och han.

Jag hade som sagt bestämt mig för att
aldrig gå tillbaka till det som kallas
'vi'. Det dröjde en dag. En dag efter att
han släppts på fri fot så låg han återigen
bredvid mig i sängen. En dag tog det för
mig att återigen låta min självrespekt
fallera.

Kapitel 17

Kan ni tänka er att ta på sig skulden för någonting så pass mycket att man på eget bevåg ringer gärningsmannens chef, som några dagar innan avskedat honom just på grund av misshandeln som hade ägt rum, för att berätta att allt egentligen var mitt fel och om han inte kunde få jobbet tillbaka? Nej, inte jag heller längre. Jag känner skam över detta idag, även fast jag tror att många har en förståelse till varför man gjorde saker som dessa. För anledningen var ju egentligen inte den att han skulle få jobbet tillbaka. Jag visste att han skulle ha problem med att hitta ett nytt jobb efter allt, och att det skulle gå ut över mig och min ekonomi. Så hade det ju liksom varit innan, och det fanns inget som sa att det någonsin skulle bli bättre. Han skulle fortsätta i sina gamla intrampade spår utan någon som helst vilja till förändring.

Jag är glad idag, att chefen på det företaget stod upp för sig själv och mig, och inte gav honom jobbet tillbaka. Jag kan bara tänka mig hur han måste undrat vad som precis hände, när vi hade avslutat samtalet.

<u>Kapitel 18</u>

Efter mycket turbulens i flera veckors tid
hade han tillslut tagit åt sig det enda
kravet jag hade för att vi skulle kunna ha
en fortsatt relation. Han tog tag i sina
psykiska problem, påbörjade medicinering
och lovade på heder och samvete att vara
nykter. Jag skulle inte tillåta en enda
droppe alkohol till, på flera, flera år.
Jag kommer ihåg hur det kändes som en sten
hade släppt från mina axlar när jag för
första gången fick gehör när det var tal
om alkohol och hur hans konsumtion var
direkt farlig för hälsan och speciellt med
tanke på tidigare självmordsförsök. Det
han fortfarande fortsatte att neka var att
han faktiskt hade ett missbruk som satte
mig i fara. Han gled in på samma spår fort
igen med att försvara alkoholen till varje
pris. Jag förstod ju egentligen redan då
att hans nykterhet inte skulle komma att
hålla så länge han inte såg sitt eget
missbruk. För så är det, man kan aldrig
driva någon till förståelse om personen
inte ser problemet i grunden.

Han lyckades att hålla sig nykter, i 5
månader, framför mig. Jag tyckte om dessa
månader väldigt mycket. Det kändes då som
att jag hade en ro i kroppen som jag inte
haft innan. I efterhand så vet jag ju att
det inte var så, eftersom att jag varje
fredag fortfarande hade en klump i magen

och tänkte bara på om detta är helgen som
allt ska vända igen, och hur jag i så fall
skulle tackla det. Jag märkte ju liksom
att för varje dag som gick så kom det bara
närmare och närmare, och att han tog mig
mer för givet. Det är ju så tydligt idag
hur otroligt skicklig han var på att få
mig tillbaka runt hans lillfinger gång på
gång. Och varje gång lyckades han utan att
jag knappt ens tvekade. Jag var övertygad
varje gång om att han hade förändrats och
att hans vilja att inse sina brister hade
väckts till liv. Jag blev grundlurad varje
gång och det gör så ont i mig att veta att
det aldrig fanns ren kärlek mellan oss.

Efter dessa 5 månader av lugn och ro så
kom det som jag länge hade fruktat. Han
hade fått en inbjudan till en fest, och
som vi lärt oss nu, så var han inte den
med nog självdisciplin att tacka nej.
Dagarna gick och dagen då festen skulle
bli av närmade sig. Jag vet att den festen
som han var inbjuden till var en sådan
fest där droger mycket väl kunde
förekomma. Om inte annat slutade det
aldrig på en bra nivå, den som blev
fullast vann, typ. Egentligen är det helt
utanför mitt ansvar att behöva bli orolig
över vad han ska göra och inte, men det är
svårt att släppa det ansvaret till honom
när man är i en sådan djup
medberoendesituation som jag var i. Jag
vet att vi hade ett tjafs den veckan

huruvida jag skulle med eller inte. Jag var livrädd över att låta han åka iväg på det själv med tanke på tidigare otrohet, som inte heller ligger på mitt ansvar men något jag ansåg skulle vara mitt att förhindra igen. Hans anledning till att jag skulle stanna hemma var att det fanns en risk att han skulle slå mig igen, och han kunde inte garantera att han inte skulle vara psykiskt elak heller. Jag vet att detta låter som en varningssignal som borde tagits på mer allvar, men jag ansåg att det var bättre att jag försökte få med någon mer från festen hem. Någon som bara kunde ligga på soffan den natten och sova, för då skulle han inte våga vara elak. Den planen gick tyvärr inte i lås och det slutade med att vi gick hem tillsammans klockan 5 på morgonen. Jag kände sedan flera timmar tillbaka hur han blivit mer och mer tillbakadragen och jag visste vad jag hade att vänta.

Redan på den 500 meter långa vägen hem började det, han vägrade att gå bredvid mig för han ville inte vara nära en sådan hora som jag. Jag fick gå 100 meter framför honom och varenda gång som jag kollade bakåt så skrek han att jag skulle sluta kolla på honom eftersom han bara blev förbannad av att behöva se mig. Jag fick lov att lägga en kloss vid portdörren så att han skulle komma in, eftersom att han vägrade stå nära mig. Väl inne i

lägenheten hade jag gått in på toan för
att börja göra mig iordning för sängen, i
hopp om att han skulle ha hunnit somna på
soffan eftersom att det var där han skulle
sova den natten. Jag tog extra lång tid på
mig samtidigt som jag försökte lyssna
efter honom innan jag vågade mig ut. Fan.
Han hade inte somnat och det första jag
hör är hur han vräker ur sig hur äcklig
och lös jag är. Han skrek till mig att han
inte kan förstå hur han kunde bli
tillsammans med en så värdelös tjej som
jag och strax därefter reste han sig ur
soffan och kom emot mig. Jag låste
återigen in mig på toaletten i hopp om att
han inte skulle ta sig in för att göra mig
illa. Jag har nog aldrig känt mig så
värdelös som då. Från att det varit mer
eller mindre bra i 5 månader till att han
efter en utekväll beter sig såhär igen.
Där och då fick jag det klart för mig att
han aldrig kommer att förändras och att
jag måste försöka samla mod till mig och
lämna relationen.

I samband med att jag fått förståelse för hur farlig relationen faktiskt var och i tankarna på vart jag skulle få hjälpen jag behövde ifrån, så träffade jag en annan. Jag träffade en kille som fick mig att inse hur man faktiskt kunde bi behandlad. Jag hade en öppen dialog med denna kille angående min situation. Han hade förståelse för att jag hade en tuff stund i livet och att det innebar att han var tvungen att vänta på mig om vi skulle inleda en relation. För det var ju det jag ville. Jag ville ju vara med honom och kämpade varje dag för att han skulle förstå det. Jag fick känslor väldigt fort för honom och det blev svårt att dölja det hemma. Det var ju ingenting som jag egentligen ville dölja heller, men med tanke på hur otroligt våldsam han där hemma var så kunde jag inte säga något utan att vara rädd för hur det skulle urarta sig. Det slutade med att det blev en hel del missförstånd mellan oss angående situationen och vi gick tillslut skilda vägar. Jag är så tacksam oavsett att han fick mig att förstå mitt värde och att det var han som drev mig till friheten.

Kapitel 20

Ända sedan den dagen som jag bestämt mig
för att avluta relationen förr eller
senare, fick jag höra att allt som gått
fel i hans liv var mitt fel. Jag fick höra
att jag förstört allt när jag anmälde
honom och att han minsann skulle se till
så att han inte fanns mer när rättegången
skulle bli av. Han ansåg att jag hade satt
dit honom och att misshandeln egentligen
inte var så farlig. Jag överlevde ju
liksom. Och om jag dessutom låtit han vara
ifred den kvällen hade ju misshandeln
aldrig ägt rum. Där och då satte jag upp
ett mål, att den dagen som rättegången
skulle äga rum så skulle jag ha lämnat
honom och jag skulle ha blivit så stark i
mig själv för att kunna stå upp för mig
själv den dagen. Det blev aldrig så. Jag
blev gravid istället. Gravid i 7:e veckan.
Det var en skräckblandad förtjusning. Jag
ville verkligen inte göra en till abort
och hade efter mycket övervägande bestämt
mig för att behålla. Tro det eller ej så
var även han positivt inställd till det.
Vi skulle bilda familj såhär i krokarna av
både rättegång och en helt vrickad
relation. Något som jag trodde skulle
rädda det lilla som fanns kvar av oss.
Samtidigt så var jag helt beredd på att få
ha vårdnaden själv, eftersom att hans
tendenser till våld aldrig skulle behöva
gå ut över mitt barn. Desto mer av

graviditeten som gick så började han sakta
men säkert yttra sig om hur han skulle
berätta för sitt barn om hur mamma hade
satt dit pappa. Hur mamma hade ordnat så
att familjen skulle glida isär. Jag undrar
ofta hur han tänkte, hur han kunde anse
att allt var mitt fel och att ingenting
någonsin skulle ligga på honom? Och skulle
hans faderskap enbart gå ut på att
smutskasta mig inför vårt gemensamma barn?
Skulle han få ta det ifrån mig också? Den
fantastiska känslan av att få bli mamma
för första gången?

Jag var fortsatt gravid på
rättegångsdagen. Det försvårade allt för
mig. Jag minns hur jobbigt det var samma
morgon som den skulle äga rum. Jag valde
att sminka mig på det sättet så att jag
kunde gråta hur mycket jag ville, för det
visste jag att jag skulle göra. Problemet
var bara att jag aldrig grät för min
skull. Jag grät och hade panik för hans
skull, för att han skulle må dåligt av sin
dom och att det skulle förstöra för vår
familj sen. När vi kom fram och jag såg
honom där inne brast allt för mig. Jag
minns hur han kom fram för att krama mig
och han berättade i lugn ton att allt
skulle lösa sig. Kort därefter berättade
han också för mig precis hur jag skulle
göra och säga. Jag skulle säga att det
inte var så farligt som det såg ut och att
jag överdrivit. Han sa också att om

straffet skulle bli samhällstjänst så
skulle han ta livet av sig. Men på något
konstigt vis så är det som jag tog till
mig mest: ''det löser sig''. Jag vågade
aldrig säga som det var inne i rättssalen,
jag bekräftade bara allt från mitt första
polisförhör sen dagen då misshandeln hade
skett, eftersom att det skulle ge ett
lindrigare straff. Jag trodde att jag
skulle svika antingen honom, mig själv
eller min familj den dagen. Hur jag än
skulle säga så skulle det bli fel och det
skulle bli något som jag skulle behöva
höra i all evighet. Jag minns hur vi fick
ta pauser ofta allt eftersom att jag fick
mer och mer panik. På en av pauserna så
följde mitt målsägandebiträde, åklagaren
och ordförande med mig in i ett litet rum
för att fråga hur jag mådde och om jag
ville byta dag för rättegången. Där inne
vågade jag säga till dem som det var med
graviditeten och att jag var livrädd för
vad som skulle komma att ske med den om
inte allt gick enligt hans plan. De fick
en förståelse för hela situationen och jag
fick den hjälp jag behövde av dem resten
av dagen. Jag är så glad över att de hade
det engagemanget.

Jag kommer särskilt ihåg när bevisningen
skulle visas på en storbildsskärm. Alla
mina skador, bilder på honom och platsen
som misshandeln hade ägt rum på visades.
Jag hörde hur min familj som var med,

snyftade i bakgrunden. Fan vad de inte ska behöva se detta, tänkte jag. Jag kan bara tänka mig hur det kändes att se den som betyder mest för dem, vara så illa behandlad. Jag kan även tänka mig hur deras tankar gick med tanke på att jag var gravid och dessutom med honom. De visste om att jag skulle sitta fast med honom på ett eller annat sätt hela livet, oavsett om jag ville eller inte. Dessa bilder blev dock en stor och viktig del för att han skulle bli dömd, eftersom att jag hade valt att inte återberätta händelsen där och då. Idag önskar jag att jag hade gjort det, ingen ska någonsin få ha sådan kontroll över mig igen och jag ska stå upp för mig själv tills jag inte finns mer.

Vid rättegångens avslut skulle domen bestämmas. Vi fick sitta i ett rum utanför medan det var överläggning. Allt slutade med att han fick villkorlig dom och 75 timmar samhällstjänst. Jag minns blicken när ordet "samhällstjänst" sades, än idag. Hade rättegången ägt rum idag, hade jag hoppats på ett högre straff med tanke på att min syn på sådana här händelser ser annorlunda ut. Jag hade också valt att berätta allt.

Kapitel 21

Vi träffades inte på ett par dagar efter rättegången. Vi båda, men framförallt han, behövde tid för reflektion och för att smälta det hela. Ni behöver inte ens fråga hur nervös jag var för hur vår relation skulle komma att fortsätta se ut. Skulle vi gå tillbaka till det vi var innan eller skulle han sätta sig emot mig på grund av straffet han fick? Det straffet som han satt sig själv i, men som han valde att helt lägga på mitt ansvar? Och vad ville jag egentligen? Var det verkligen att gå tillbaka till denna skadade relation?

På något vis så tror jag att min kropp hade full koll på hur dålig han var för mig. Strax efter att jag hade gått in i graviditetsvecka 12 så fick jag mensvärksliknande smärtor, men tänkte att det nog inte var någonting, eftersom att jag tidigare hade haft liknande smärtor när bäckenet skulle förbereda sig för ett till liv. Jag valde att gå och lägga mig i tid den kvällen för att låta kroppen vila då jag hade haft mycket stress och ångest under en längre period. Jag kommer ihåg att han som jag bodde tillsammans med, gick och la sig lite senare och i samband med det kände jag hur smärtorna blev betydligt värre. Det kändes nästan som att någon högg en kniv i min mage och jag provade många olika lägen med kroppen för

att det skulle avta. Inget hjälpte. Här
förstod jag, det var ett missfall på gång.
Jag kände igen smärtorna sedan jag gjorde
aborten 3 år tidigare. Klockan var sent
när det satte igång på riktigt och jag
hade inte någon annan än honom just då,
men jag kan inte minnas att han frågade
mig en enda gång hur det var eller vad det
var som höll på att hända. Jag kommer ihåg
att när jag blodat ner hela min sida i
sängen och kände ett behov av att bädda
rent så reagerade han inte ens. Jag sa
upprepade gånger att vi precis håller på
att få ett missfall och att jag blött ner
både mig själv, sängen och att det var ett
spår av blod efter mig från sängen och in
på toaletten. Inget gehör. Han tittade på
mig en gång men valde att vända sig om för
att fortsätta sova. Efter att jag inte
fått någon reaktion från honom och
smärtorna var nästintill outhärdliga så
hade jag inget annat val än att ringa
mamma efter råd, klockan 03:00 på natten.
Jag vet att det för hennes del inte gjorde
någonting att klockan var så pass mycket,
eftersom att jag alltid får ringa henne
oavsett tid på dygnet. Men jag hade ju
helst av allt velat att han engagerade sig
i det hela. Jag ville att frågan om hur
jag mådde, skulle komma från honom först.
Det fanns ju ingen risk att han skulle ha
missat det, då värkarna var i full gång
ända från 22:00 fram tills 06:00 dagen

efter. Jag var upp var 5 minut till
toaletten, och däremellan låg jag i
sängen, 20 cm från honom och grät av
smärta. Att han dessutom tittade på mig
emellanåt bevisar ju än mer hans vetskap
om situationen.

Lagom tills smärtorna hade avtagit så
ringde hans klocka då han skulle upp och
jobba och jag valde att låtsas som att jag
inte märkt att han varit medveten om
nattens händelse. Han sa inte speciellt
mycket om det då heller, det enda jag
minns är att jag skulle ringa honom om jag
behövde åka in till gynakuten. Det gick
några timmar då jag fick sova och vaknade
sedan upp och smärtorna var som
bortblåsta. Jag ringde barnmorskan och
berättade om vad som hänt och hon gav mig
råd om att åka till Falun för att
fastställa att det var ett missfall och
att det inte fanns några rester kvar. Sagt
och gjort, jag ringde till honom och
berättade vad barnmorskan precis sagt och
att jag gärna har med honom som stöd. Han
åkte genast från jobbet och det dröjde
inte länge i bilen innan han berättar hur
skönt han tyckte det var att det blev
missfall och att han slapp bli pappa till
vårt barn. Jag tyckte också på ett sätt
att det var skönt att min kropp tog
beslutet åt mig, eftersom att jag tidigare
varit osäker på om jag skulle behålla det
eller inte. Men det gjorde ont att höra

att han bara var glad över det, utan att
fråga mig hur jag kände eller om jag ändå
mådde okej under omständigheterna.

Kapitel 22

I bilen på vägen hem efter att det konstaterats att det var ett missfall ber jag honom att vara hemma med mig den kvällen då jag mådde dåligt både fysiskt och psykiskt. Jag ville ha hans stöd och jag ville att han för en gångs skull skulle vara hemma för att ta hand om mig och vår relation. Det skulle han också, efter att han varit till garaget en sväng för att kolla en sak. Det kändes okej för mig då, för under tiden som han var där så kunde jag ringa mina nära och kära i lugn och ro och berätta om händelsen. Han kom aldrig. Jag ringde honom flera gånger och frågade hur det gick och när han hade tänkt komma hem. Varje gång var svaret "snart". Sista gången som jag ringde honom var klockan närmare 23 och jag hörde att han var alkoholpåverkad. Jag blev riktigt ledsen av det och gjorde allt i min makt för att hitta någon som var vaken och kunde hålla mig sällskap. En kompis ringde mig, en kompis som egentligen var mer hans än min. Vi pratade i 1,5 timme på telefonen och han fick mig verkligen lugnare. Denna vän är än idag en väldigt viktig vän för mig, han har verkligen funnits där för mig alla gånger som jag behövt honom, och jag vet att du vet vem du är. Tack.

Jag beslutade mig tillslut för att åka
till det garage som han var i, då jag
visste att han hade en vän där och att han
då inte skulle våga göra mig illa. Jag
hade tankar på om jag skulle lämna honom
och relationen när jag var på väg dit,
eller om jag bara skulle fråga vad han
höll på med. Han börjar kasta grejer efter
mig direkt och kompisen som han hade där
satte sig i bilen och åkte, mitt under en
pågående misshandel. Jag lyckas tillslut
ta mig därifrån och sprang mot bilen, med
honom efter. Jag ramlade på vägen till
bilen vilket gav mig mindre försprång. Jag
lyckades dock få upp telefonen och kunde
ringa den vän som jag tidigare pratat med
under kvällen. Jag minns att det första
jag säger till honom är att jag kommer bli
dödad, han kommer döda mig. Han säger åt
mig att fort ta mig till bilen och sedan
åka någonstans där jag är säker. Jag hann
sätta mig i bilen men när jag skulle åka
så slängde han sig på huven och försökte
få mig att stanna. Tillslut lyckades jag
ta mig därifrån och åkte direkt till
kompisen som offrade hela sin natts sömn
för att vara med mig och se till att jag
var säker. Jag är så otroligt tacksam för
det.

Efter många timmar i bilen tillsammans med
kompisen så beslutar jag mig för att åka
hem och prova sova, även fast jag visste
att han hade nyckel hem till mig och kunde

dyka upp när som helst. Det var liksom
pest eller kolera, antingen så såg han på
snapkartan, som jag inte fick stänga av,
att jag var hos kompisen, eller så sov jag
hemma där han kunde komma när som helst.
Han hade ju alltid annars ifrågasatt vad
jag gjorde när han såg mig på snapkartan
och det var inte ovanligt att han bestämt
sig för att jag varit otrogen. Natten var
faktiskt lugn och morgonen efter vaknar
jag med ångest, igen. Jag vet precis hur
dålig självrespekt jag hade och jag vet
hur orädd jag var för honom, speciellt
tydligt blir det med tanke på att jag åkte
till garaget dagen efter för att fråga vad
det var som hände kvällen innan. Jag
visste på något sätt när jag var på väg
dit hur fel det var, att jag egentligen
inte borde vara den som söker kontakt med
honom. Men så blev det inte. Jag såg
bussen som vi brukade sova i på gården och
förstod att han låg och sov i den, så jag
begav mig för att öppna dörren och väcka
honom. När jag öppnat dörren såg jag hans
tomma öllåda på golvet, tillsammans med
ett par klackskor. Det kopplade inte först
att det var en annan tjej med honom, det
såg jag först när jag ställt mig upp för
att se honom i den säng han låg i. Fyfan.
Fyfan vad ont det gjorde. Tätt intill
honom låg det en tjej, en tjej som jag
dessutom kände igen. Jag vill poängtera
att det finns 2 sängar i den bussen,

hennes hem låg 2 km därifrån och han var
inte singel. Ändå försökte han lirka sig
ur hela situationen genom att försöka
klargöra att ingenting hänt. Precis som
att det då skulle vara okej att dela en
90-säng med en annan tjej och dessutom
ligga och kramas? Tredje otroheten, dagen
efter att vi fick ett missfall. Jag vill
tro att hela denna grej var ett sätt för
honom att fira att han återigen sluppit
allt som har med ansvar att göra.

Kapitel 23

Man kan tänka sig att detta borde varit
droppen för mig efter att han aktivt varit
otrogen 3 gånger och brukat våld i alla
former. Men nej, jag förlät honom igen som
jag gjort så många gånger förut och jag
lät mig själv grottas ner i ångesten som
han skapat. Jag vill tro att även han hade
en gnutta ångest dagen efter, då han
gjorde precis allt det som jag så länge
längtat efter i en relation. Men å andra
sidan, det var ju på det sättet som han
fick mig tillbaka gång på gång. Att
förminska sina egna fel genom att vara
precis så som han brukade vara när vi
träffades i början. Det är ju en stor del
av hans personlighet, att vara så otroligt
manipulativ. Ångesten som fanns hos mig
just då går inte att beskriva, det var en
så otrolig skillnad på att få höra om en
otrohet i efterhand och att bevittna den
med egna ögon.

Tillslut så tog jag hjälp genom stödsamtal
och via en läkare på vårdcentralen som
skrev ut antidepressiva läkemedel åt mig
för att hjälpa mig tillbaka på banan.
Dessa tabletter hjälpte mig verkligen och
jag tror att det var en stor hjälp för mig
just då. Jag blev allt mer stabil i psyket
för stunden, och vågade mig helt plötsligt
ut på aktiviteter utan honom. Så klart
hade jag alltid en rädsla över vad han

gjorde när jag inte var närvarande, men
jag försökte att bortse från det. Jag
visste ju liksom om att han försökte
isolera mig från min familj och vänner och
jag skulle inte ha blivit förvånad om han
gjorde saker för att göra mig ledsen just
för att straffa mig för det.

Det är en gång då jag skulle åka till min
familj som jag minns extra. Vi hade haft
ett litet tjafs precis innan och han åkte
till garaget och jag till familjen, jag
hann bara sätta mig i bilen innan jag fick
den mest panikartade snapchaten någonsin
av honom. Han ville ta en paus. Fan fan
fan. Jag gjorde allt för att få honom att
förstå att han och jag var menade för
varandra och att om vi klarat alla
motgångar hittills så skulle vi klara
denna också. Det var liksom så för mig,
att även om jag i flera månaders tid haft
tankar på att lämna relationen, så gjorde
det extra ont när det var han som tog
beslutet att lämna mig. Jag hade liksom
ingenting alls att säga till om och den
enda som blev sårad var jag. Efter att jag
haft panik i flera dagar så beslutade jag
mig för att våga vara stark själv. Jag
gjorde precis allt som jag inte kunnat
göra med honom innan, jag umgicks med
kompisar, familjen och massor med annat
som jag tyckte om. Jag liksom vågade leva
mitt liv utan honom och tillslut så blev
det så klart för mig att jag i princip

kastat bort 4 år av mitt liv. Det var
nästan som att jag hade glömt bort hur det
var att faktiskt må bra, på riktigt.

<u>Kapitel 24</u>

Det gick bara någon vecka efter vårt
uppbrott tills han hörde av sig angående
att han ville tillbaka till mig. Jag ska
inte säga att det inte var lockande för
mig, men jag hade bestämt mig, en gång för
alla. Jag skulle aldrig någonsin igen bli
kallad för hans flickvän. Jag var klar med
både han och vår relation. Det enda som
kvarstod var den enorma bearbetningen som
han lämnade efter sig. Det trauma som jag
fortfarande bearbetar än idag. Jag har
förstått att han har lämnat allt detta
bakom sig, och tycker att alla andra också
ska göra det. Det bevisar ju att han inte
har någon som helst ånger över någonting
som han utsatt mig för. Jag har idag fått
ett kontaktförbud beviljat jämtemot honom
då han försökt kontakta mig trots att jag
blockerat honom på sociala medier. Jag
hade honom kvar i telefonboken under en
kort period för att vi skulle kunna höras
av angående de praktiska bitarna som
skulle lösas, med uppdelning av boende och
så vidare. Jag bad honom att inte ringa så
länge det inte var gällande just det. Det
gick ungefär 1 vecka innan han ringde,
bara för att komma åt mig en sista gång
psykiskt. Han hann under det 10 minuter
långa samtalet få mig att må precis så
dåligt som bara han kan. Där var liksom
vårt sista ord sagt, vår tid tillsammans
skulle sluta med ett sista försök att låta

mitt hjärta gå i tusen bitar. Jag är glad
att jag hade hunnit bli så pass stark i
mitt beslut att jag bara lät det rinna av
mig när vi hade lagt på. Det var en sådan
fantastisk känsla att uppleva sig själv
som så stark som jag kände mig då. Jag
minns att jag fick ett adrenalinpåslag som
inte var av denna värld och jag minns hur
otroligt stolt jag var över mig själv. Jag
är lika stolt än idag över mig själv. För
ett år sedan så trodde jag aldrig att jag
skulle stå så stadigt på jorden som jag
gör. Det är så himla, himla fint att se
att livet kan ta sådana vändningar efter
att det fått utstå så mycket. Att man kan
komma tillbaka till livet.

Jag har idag anmält honom för några saker
till, men som är under utredning och jag
kan därför inte prata om dem här. Men det
spelar liksom ingen roll, jag mår bra nu
och jag hoppas på något vis att han också
gör det.

Det finns en sak som jag inte kommer ihåg
när det hände i tid som jag väljer att
skriva om i slutet på denna bok, eftersom
att det är ett starkt minne för mig. Det
var en kväll då vi hade valt att åka på en
fest i en by några mil från där vi bodde.
Jag hade en tjejkompis hemma som skulle
följa med och jag har fått mycket av denna
berättelse återberättad av just henne. Jag
minns att han kom hem när klockan inte var

mer än 16 eller 17, och redan var märkbart
påverkad. Jag kan nu i efterhand ana att
det var mer än bara alkohol, men det är
inget som jag vet säkert. Min vän hade en
uppfattning om att han senare under
kvällen inte fick den uppmärksamhet av
varken mig eller andra som han brukade få
och att det därefter gick mer och mer
utför. Kvällen slutade med att vi började
diskutera i ett annat rum. I det rummet
var det inte bara ord som sades, han
gjorde mig illa. Han varvade sina slag med
ord om hur värdelös jag var och att det
återigen skulle vara mitt fel att han då
skulle åka hem och hänga sig själv. Jag
skrikandes på hjälp från de övriga på
festen. Hans vän, som stod utanför och
blockerade dörren eftersom att hon ansåg
att vi kunde lösa det själva. Min vän som
försökte ta sig igenom hennes blockering
för att sedan inte veta i vilket skick hon
skulle hitta mig i rummet. Jag kan än idag
inte förstå hur man kan tro att man känner
någon så väl att man faktiskt kan förutspå
vad som händer på andra sidan dörren, där
någon skriker på hjälp. Hur man bara kan
anta att allt går rätt till. Jag är glad
att min vän slapp hitta mig blodig den
kvällen, även om jag såklart hade stora
sår på insidan.

Jag vill tacka hela min familj för att ni
aldrig slutat tro på mig, för att ni
alltid lyssnat och för att ni alltid har

stått upp för mig. Ni är värda allt och
jag kommer alltid att finnas för er som ni
funnits för mig. Ni är det viktigaste jag
har och jag älskar er över allt annat.

Jag har på bara ett år hittat världens
finaste kille och nu även sambo, tack
Marcus för att du bevisar för mig, gång på
gång, hur viktig jag är för dig. Tack för
att du låter mig uppleva det som är fint
med kärlek och tack för att du alltid är
min bästa pepp, oavsett vad. Jag älskar
dig

Tack till mina fantastiska vänner, jag kan
inte förstå att mitt stora nätverk av
vänner faktiskt står kvar vid min sida
efter allt, ni är helt otroliga. Det
bevisar så tydligt att jag verkligen har
hittat rätt umgängeskrets. Utan er är jag
inget. Ni är värda hela världen och jag
älskar varenda en av er.

Jag har pratat med mina närstående om vad
de hade för syn på vår relation. Det har
varit väldigt blandade åsikter och
reaktioner vilket är helt okej. Många såg
redan från start att han inte var
speciellt bra för mig, och markerade det
också väldigt tidigt. Andra ville ge oss,
och honom en chans. Något som är tydligt
för alla är förändringen av honom, mig och
hela relationen. För mig var det aldrig
speciellt tydligt, jag hade jättesvårt att
våga sätta mig in i de känslorna som

skapades i takt med allt detta. Det var
lättare att låta dem bli lagda åt sidan
medan livet på något sätt fortgick. Många
reagerade på saker som jag inte såg själv.
Saker som uppfattades som respektlösa mot
mig. Tillexempel när han på "skoj" var
elak. Det var inte speciellt många som såg
oss som ett kärleksfullt par, och hade
hellre sett oss i en vänskapsrelation. För
några var det helt tvärtom, där de
istället såg våra olikheter som något
fint. Jag antar att jag hellre valde att
lyssna på dem, dem som faktiskt vågade tro
på något bortom hans destruktivitet.

Jag har låtit min mamma skriva ett lite
längre kapitel i denna bok, om hur det är
att vara just mamma i ett sådant här
medberoende. Som tidigare nämnt så är jag
så otroligt tacksam över hur hon och alla
andra närstående orkat stå kvar med öppna
armar under så lång tid.

<u>Att vara mamma i ett medberoende</u>

Har tidigare haft drömmar om att skriva en
bok, en påhittad story med lite drama och
krim. Aldrig kunde jag ana att jag skulle
få skriva i min dotters bok om medberoende
och destruktiva förhållanden. Tack Hannah
för att jag får utrymme i DIN bok.

Kanske kan jag också hjälpa någon precis
som din story kommer hjälpa många drabbade
tjejer och säkert även utsatta killar.
Kanske kan mina upplevelser hjälpa en
förtvivlad mamma, pappa, lillebror eller
storasyster som just i detta nu lever i
skuggan av ett osunt förhållande. Lever i
förtvivlan över att de ser det osunda
medan deras barn lever i förnekelse, eller
snarare förhoppning om att det ska bli
bättre.

Jag vill försöka skriva på ett sätt så att
just du som mamma eller pappa kan leva dig
in i situationen, känna känslan och finna
tröst i att det finns hopp, och att det
finns ljus i tunneln. Vill också påpeka
att i det här fallet, är jag "bara" mamma

och inget annat. En mamma i förtvivlan,
men också hopp. En vanlig människa av kött
och blod, som bara har kämpat för sin
familjs välmående med näbbar och klor, på
det sätt som situationen bjöd. Jag har vid
tillfälle bokstavligen kört ut denna "man"
ur lägenheten med ALLA hans prylar, trots
detta var han tillbaka i förhållandet gång
på gång och gjorde mer skada på min
flicka. Många, många gånger har jag tänkt
tanken på hur skönt det vore om han på ett
eller annat sätt bara utplånades från
jordens yta. Tillvägagångssätten för hur
han skulle försvinna har i min hjärna
varit många, och det är tur att de flesta
av oss människor har en spärr så att man
mitt i allt hat ända förstår hur fel det
skulle vara att skada en annan människa.
Det är väl där vi skiljer oss åt, vi som
bara tänker tanken i huvudet och de som
inte kan skilja på tanke och handling. Jag
vet vart gränsen går och jag kan känna
empati och medkänsla. Att kunna skilja på
rätt och fel.

När det gäller ens barn, så tror jag inte
det spelar någon större roll vilken
yrkestitel vi har eller vilka utbildningar
vi har med oss i bagaget, mammahjärtat
suddar ut allt rationellt tänkande, så har
det i alla fall varit för mig. Jag vill
inte på något vis skuldbelägga vare sig
mig själv eller någon annan som gjort på
annat sätt eller valt andra strategier,

eller dig som inte orkade för din egen
överlevnads skull. Mitt 2021 vill jag
helst sudda ut, och många gånger har
förtvivlan varit större än hoppet, jag har
ältat och ältat och syrran är nog den jag
ältat mest med. Vi ältar än idag men för
oss har det varit en stor del i
bearbetningen. Även såklart härhemma har
vi pratat, men min man, Hannahs pappa, är
inte riktigt lika mycket för att älta och
älta. Det vi ska komma ihåg är att varje
person har olika tankar kring detta,
kanske tänker man att barnet är vuxet och
får ta sina egna beslut. Ja visst är det
så, men för att de i våra mer erfarna ögon
fattar felaktiga beslut, betyder bara att
de är precis i början på sin resa av
lärdom och att skaffa sig livserfarenhet.
Gud ska veta hur många timmar jag
spenderat med att försöka "övertala" henne
att lämna. Det är ingen bra strategi, hon
är väl medveten om vad du tycker och
tänker, men där och då gör det bara att
hon kämpar emot ännu mer, försöker hålla
fast i honom och förhållandet ännu mer.
Nästan som att det är en skam att det blev
som det blev. Min dotter har beskrivit
efteråt att hon varit uppfylld av känslan
av att inte vara värd mer och då förstår
jag att det är svårt att lämna, för vem
ska vilja ha en om detta var det bästa man
kunde få?

Hur kan man hjälpa då? Deklarera om och om igen att din dörr alltid är öppen, din famn alltid välkomnande och varm. Bara finns. Många gånger vänder man ut och in på sig själv och man kan känna sig helt urlakad och slut. Ta då något steg tillbaka, återhämta dig, andas, ta en promenad, träna, baka, laga mat eller gör något som ger dig glädje, avslappning och förnyad kraft. Tillåt dig mitt i allt elände att göra saker du mår bra av, för det ger dig ny energi. Har du ingen att prata eller älta med så finns det många bra forum där du kan få prata av dig, få hjälp och stöttning t.ex. Kvinnojour, Mansjour, Jourhavande medmänniska eller Svenska kyrkan som har en präst att ringa dygnet runt. Googla så får du upp aktuella telefonnummer eller chattsidor. Det kan vara skönt att få prata ur sig, få bolla lite. Tillåt dig att vara ledsen och förtvivlad. Andas, försök att sova, kom sedan tillbaka för att bara finnas.

Har ditt barn några nära vänner? Var inte rädd för att prata med dem och ta hjälp av dem. De har garanterat också sett och förstått vad som pågår. Tack alla fina vänner runt min flicka, som aldrig heller gav upp om henne, tack för att Ni, kontaktade mig när hon inte gjorde det själv. Sofia, Felicia och Lovisa. Ni är många fler kring min dotter som inte heller gav upp om henne, som "valde"

hennes sida i detta. Ni betyder mycket för
mig, var och en.

"Maktlös! Så maktlös. Att tvingas stå
bredvid och se när ens dotter sjunker
djupare och djupare in i ett väldigt
destruktivt medberoende. Du står bredvid,
du ser vad som pågår. Du försöker
uppmärksamma och få din dotter att inse
hur fel och hur skadlig relationen är. Ni
bråkar och tjafsar om relationen och du
försöker förtvivlat få henne att inse att
hon måste lämna detta osunda förhållande.
Du kan höra på henne när ni pratar i
telefon om han är i närheten, då är hon
lågmäld och fåordig. Du märker hur hon
"sopar framför hans dörr" för att det ska
vara lugnt, själv ser hon inte eller
förstår inte att hon gör det. Du får i
efterhand veta, dels genom det hon
berättat, men även genom denna bok, hur
mycket värre det faktiskt var med både
fysisk, psykisk och ekonomisk misshandel.
Gud vet mer vad han utsatt henne för som
hon kanske inte vågar berätta eller har
förträngt. Hon går i gymnasiet, han har
lite olika jobb här och där, under en
period pluggar hon OCH jobbar extra för
att betala deras hyra, mat, sina och vid
ett flertal gånger även hans räkningar.

Din dotter är i övre tonåren, och snart
myndig när "det" börjar. Bara några
månader efter att de inleder sin relation

börjar den verbala, psykiska misshandeln.
Han, förövaren, hennes vad hon trodde då,
livs stora kärlek några år äldre. Han, ett
stort barn som innerst inne inte bryr sig
om något annat än sig själv och som med
tiden festar så hårt att din dotter inte
vet vilket skick han kommer vara i när hon
får hämta upp honom, som kränker henne och
tar i henne hårt och våldsamt, din dotter
får låsa in sig på toaletten av rädsla.
Hur han hotar med att göra slut på sitt
liv via olika forum såsom snapchat, sms mm
och hon förtvivlat åkt o letat upp honom o
tröstat, och han har lovat bättring,
bättring som aldrig varit speciellt
långvarig.

Slutet av 2020 och i stort sett hela 2021
är året det verkligen eskalerar och då jag
på riktigt blir inblandad och mer
medveten, i och med misshandeln på
nyårsdagen 2021. Det är först då jag
förstår allvaret i detta, Det är inte
Hannah som ringer och berättar vad som
hänt, det är en av hennes närmsta vänner
och som bara skriker i luren "-XX har
misshandlat Hannah och polisen är på väg".
Jag halvslumrar i godan ro på soffan när
samtalet kommer. Jag minns knappt hur jag
tog mig från punkt A till punkt B, men jag
tar mig till Hannah och minutrarna innan
jag får krama henne och se att hon är
någorlunda okej är vidriga och långa. Min
puls har säkert aldrig varit så hög och

adrenalinpåslaget aldrig varit så stort.
Men hon är skapligt ok, ärrad för livet
men ok, blåslagen och märken efter hans
händer runt hennes hals, men vid liv. Är
så tacksam för att det inte gick värre,
det kunde ha varit slut där, den där
nyårsdagen -21, som blev uppstarten till
det värsta året i mitt liv. Vilket Du som
läser boken säkert kan förstå när du läser
den.

Jag är så oerhört ledsen för min reaktion
när Du hade förberett dig för att berätta
att du var gravid, hur du hade funderat på
hur du skulle säga det. Vi har nog inte
riktigt pratat om det efteråt. Den chocken
och den förtvivlan som bubblade upp inom
mig var totalt ostoppbar. Efter allt han
utsatt dig för och att vi stod inför en
kommande rättegång gällande delar av det
han utsatt Dig för, så var detta det sista
vi alla behövde. Det tror jag att vi alla
förutom du insåg. Eller så såg Du det, och
försökte övertala dig själv att detta
skulle bli räddningen. Jag förstår ju att
Du hade hoppats på att det någonstans
skulle finnas glädje i det du skulle
berätta. Panikångesten och chocken inom
mig gick inte att stoppa, det ångrar jag
än idag. Det enda jag såg framför mig var
att ”Nu blir du fast med den här mannen på
ett eller annat sätt livet ut”, det jag
ångrar mest är att jag inte där och då
fanns för dig, och det enda jag kan säga

till mitt försvar är att jag aldrig blivit
så överrumplad och så chockad och så
totalt tappat fattningen. Jag lovar Dig
min älskade flicka, att när tiden är mogen
för barnbarn, om du väljer att skaffa
barn, så kommer jag stötta dig till 200 %.
Det är något jag längtar efter riktigt
mycket, och jag vet att Du kommer bli en
underbar mamma när den tiden kommer.

Det är oerhört svårt att stå vid sidan av,
din dotter är myndig och tar sina egna
beslut. Du kan bara finnas, lyssna, ge
tröst, och krama. Du kan bara förtvivlat
se på när hon om och om igen ger honom nya
chanser, chanser som bara blir en kort
stund av lycka, för att sedan återgå till
det destruktiva. Det sista året var som
att leva i ständig jour, och varje gång
hennes namn dök upp på displayen på
mobilen, fick jag en klump i magen av oro
över vilket skick hon skulle vara i.
Lättnaden över om hon var glad eller
känslan av maktlöshet om hon var fåordig
och ledsen.

Tro mig, vi har bråkat om denna relation,
jag har säkert gjort alla fel man kan göra
i situationen. Har i stunder av
uppgivenhet både skuldbelagt och hotat,
skrikit på henne, och hon har skrikit
tillbaka, och jag har varit en jobbig
ifrågasättande morsa, men jag kan
rakryggat säga att jag aldrig någonsin

gett upp tron på min dotter, jag har
alltid, alltid funnits. Det har varit
många tunga dagar, och jag förstår om man
inte orkar hela vägen.

Jag kan hur galet det än låter, känna mig
ledsen för hans skull. Varför har just
han blivit en person som väljer att
behandla andra så som han gör? Det känns
så tragiskt och mitt i allt hat jag borde
känna för honom kan jag se en liten vilsen
pojke någonstans, han är ju också barn
till en mamma, som måste vara lika
förtvivlad över hur livet blev för honom
som jag är över det han utsatt min flicka
för. Jag tänker mycket på hans mamma, hur
mår hon i allt detta? Känner hon skuld å
hans vägnar? Hennes liv blev ju säkert
inte heller som hon hade hoppats utifrån
dessa omständigheter.

När jag sitter här i köket och skriver
detta så märker jag att det är svårt att
inte försökt berätta Hannahs historia ur
min synvinkel, men det har Du ju redan
läst om tidigare i boken, det är hennes
historia att berätta. Att det var så illa
som det var har jag fått reda på i
efterhand. Hur illa det har varit har jag
fått till mig på riktigt under det senaste
året, och ändå tror jag att hon har mycket
kvar att berätta. Jag tror att hon vill
bespara mig massor av detaljer för jag
misstänker att hon tror att jag inte ska

kunna bära hennes historia, men jag önskar
inget hellre. Jag vill veta allt så att
jag kan hjälpa henne att bära bördan.

Jag tackar min lyckliga stjärna för att Du
tog dig ur detta, och gråter samtidigt
inombords för de unga kvinnor som inte
lyckas ta sig ur sådana här förhållanden,
jag gråter för de som inte överlevde sina
förövare, och för de som förlorat en
älskad dotter i detta meningslösa våld.

Jag vet att Du, jag och alla runtomkring
har mycket kvar att bearbeta, alla på våra
olika sätt. Det tar lång tid att läka, och
det är okej.

Jag älskar Dig, Hannah och är så
fantastiskt stolt över den du är. Jag är
ledsen över allt du fått uppleva, men jag
tror och vet att du kommer använda
erfarenheterna du fått utav detta till att
hjälpa andra. Dina upplevelser har format
dig till den kloka varma person du är
idag.

Kram Mamma

Och till dig, du fina tjej som sitter i
samma situation som jag en gång gjort.
Detta är tillfälligt, du kommer att må bra
och du kommer att bli självständig en dag.
Jag vet att det kanske inte är rätt tid
för dig att bryta dig loss ännu, och det
är helt okej, det får liksom vara så.
Några av er som läser denna bok kanske
redan har börjat ana att någonting är fel
i er relation, och det är det största
steget man kan ta i en sådan här process.
Att låta sig förstå är enormt. Jag vet att
vägen till frihet är lång, speciellt om
man som jag, inte vill annat än att allt
bara ska bli bra över en natt, så att man
kan fortsätta leva tillsammans. Det tar
helt enkelt tid. Tid som kommer vara den
mest värdefulla när du återigen får vara
glad, på riktigt. Jag vet att du som ännu
inte vill inse vad han faktiskt gör,
fortfarande vill låta relationen fortgå,
oavsett om han gör dig 90 procent ledsen,
och 10 procent glad. De där 10 procenten
väger liksom upp allt det dåliga på något
vis. Jag vet att du trycker undan personer
som gör dig glad eftersom att de försöker
få dig att förstå, jag vet att du
skuldbelägger dig själv och jag vet att du
tror att du inte är värd mer. Men du är
värd precis allt, du förstår det bara inte
än. Det spelar liksom ingen roll hur många

varningssignaler som han sänder ut eller
hur ofta han ljuger för dig, för du
försöker alltid hitta en anledning som gör
hela det beteendet okej. Någonting som
blir någon slags täckmantel. Många gånger
gör man saker helt mot sin vilja, för
husfridens skull. Det känns liksom inte
värt att säga nej till tillexempel sex,
för då vet du vad du har att vänta. Gång
på gång får han ta total kontroll över dig
och din kropp. Ändå kommer det situationer
där du tror att du behöver skydda honom,
och just då spelar det ingen roll hur
många lögner som blir inkluderat. Lögner
som ska verka för att han ska kunna
fortsätta med sitt beteende och sina
handlingar som man i vanliga fall alltid
ansett är fel. Det är såhär ett
medberoende ser ut och det är tufft att
komma ur det, men man klarar det också.

Men jag vill också att du ska veta att det
aldrig någonsin är, eller kommer vara,
ditt fel. Det är svårt att tänka på det
sättet eftersom att han ristat in det i
ditt huvud, att allt är ditt fel menar
jag. Det som är bra i allt detta är att du
aldrig någonsin är ensam i det, vi är så
många som kämpar och har kämpat med det.
Vissa i tystnad, andra i rop på hjälp.
Allas upplevelse ser helt olika ut men det
vi har gemensamt är att vi alla levt
tillsammans med en narcissist som på ett

eller annat sätt försökt suga ur allt liv
ur oss.

Och du, när du tagit dig ut ur relationen,
lova mig att inte ångra den. Jag vet att
man skäms så otroligt mycket av att vara
ex till en sådan person, men man får vara
stolt över att man är eller kommer att bli
just ett ex. Relationen är en del av dig
och ditt liv och ett bra tillfälle att ta
tillvara på de erfarenheter som kommer ur
den. Erfarenheter som är unika för just
dig och som kommer att hjälpa dig på vägen
tillbaka till livet. Du är starkast i
världen.

Här nedanför har jag listat några kontaktuppgifter till olika organisationer som kan vara till din hjälp i de fall då du vill det <3

Kvinnofridslinjen - tfn: 020-50 50 50

Brottsofferjouren- tfn: 116 006

Jourhavande medmänniska - tfn: 08-702 16 80

Unga relationer - Chatt, samtalsgrupper och juridiskt stöd. Även stöd till dig som förälder

TACK!